令和4年・6年の
民法改正でこう変わる！

Q&A 家族法制

東京弁護士会法友会 [編集]

ぎょうせい

❖ はしがき ❖

　近年民法は、大きな改正が続いている。平成29年の債権法改正に始まり、平成30年の相続法改正、令和3年の所有者不明土地問題に対処するための物権法を中心とする改正などが続き、ここ数年で民法の内容は大きく変容した。

　そして、親族法・相続法からなる家族法についても、近時、家族の多様化が進む中、家族法を改正する声が高まり、令和4年には無戸籍者問題に対処するため嫡出推定の規律を中心とする親子法の改正が行われた。さらに令和6年には、国連の勧告等があったこともあり、離婚後共同親権を選択的に可能とすることを中心とする家族法制の大改正が行われた。これら一連の改正は、戦後の大改正に匹敵するほどの大きなパラダイムの転換ともいえる。

　特に、後者の令和6年改正は、これまで夫婦が離婚後は、未成年の子の親権はその一方の単独親権とされてきた規律に大きな変更を迫るものであり、我々の弁護士実務にも大きな影響を与える。改正法は令和8年5月までに施行され、その後改正前に離婚し親権を失った者からの共同親権への親権者変更の申立て等が急増することも予想される。

　実際、本改正の過程においては、離婚後共同親権を可能とする改正法には、主にDV被害者からの離婚を受任する弁護士から根強い反対論が出され、弁護士会を二分するほどの激しい議論が展開されることもあった。そのような過程を経て成立した今回の改正法については、弁護士としてはその内容を正しく理解し、実務に活かす必要がある。本書は、令和4年改正法と令和6年改正法を取り上げ、Q&A形式で改正法の内容をわかりやすく解説したものである。

　法友会は、昭和21年に設立された、東京弁護士会における政策集団であるが、本書を執筆するにあたり、離婚実務等に精通する会員が、法制審

議会の部会資料や議事録に目を通し、自己の経験も踏まえ、バランスのとれた叙述をすることを心がけた。本書が一人でも多くの市民や法律家のもとに届き、改正法施行後の実務に役立てれば幸いである。

　最後に、本書の発刊にあたっては、株式会社ぎょうせい出版事業部の関係者に多大な尽力をいただいたので、改めて感謝を申し上げたい。

　令和6年12月

2024（令和6）年度　東京弁護士会法友会
幹事長　彦　坂　浩　一

❖ 凡　例 ❖

1　法令名略語

　本文中の法令名は基本的に正式名称で記したが、令和4年及び令和6年の民法改正に関するものについては、次に掲げる略語を用いた。

◆令和6年民法改正（令和6年5月17日法律第33号）

改正法	民法（家族法制関係） （令和6年法律第33号で改正されたもの）
改正前〇条	令和6年改正前民法〇〇条
改正後〇条	令和6年改正民法〇〇条
改正前〇〇法	令和6年民法改正前の法律
改正後〇〇法	令和6年民法改正で改正された法律

◆令和4年民法改正（令和4年12月10日法律第102号）

令和4年改正法	民法（親子法制関係） （令和4年法律第102号で改正されたもの）
令和4年改正前〇条	令和4年改正前民法〇〇条
令和4年改正後〇条	令和4年改正民法〇〇条
令和4年改正後〇〇法	令和4年民法改正で改正された法律

2　法制審議会資料関係

部会資料	法制審議会家族法制部会　部会資料
部会参考資料	法制審議会家族法制部会　部会参考資料
部会〇議事録	法制審議会家族法制部会第〇回議事録
中間試案	法制審議会家族法制部会「家族法制の見直しに関する中間試案」（令和4年11月15日）
中間試案補足説明	法制審議会家族法制部会「家族法制の見直しに関する中間試案」補足説明（令和4年12月）

令和4年部会資料	法制審議会民法（親子法制）部会　部会資料
令和4年中間試案	法制審議会民法（親子法制）部会「民法（親子法制）等の改正に関する中間試案」（令和3年2月9日）
令和4年中間試案補足説明	法制審議会民法（親子法制）部会「民法（親子法制）等の改正に関する中間試案」補足説明（令和3年2月）

3　裁判例

　裁判例を示す場合、「判決」→「判」、「決定」→「決」、「審判」→「審」と略した。また、裁判所の表示・判例の出典については、次のア、イに掲げる略語を用いた。

　ア　裁判所名略語

大	大審院
最（最大）	最高裁判所（最高裁判所大法廷）
○○高	○○高等裁判所
○○地	○○地方裁判所
○○家	○○家庭裁判所

　イ　判例集出典略語

民　集	大審院民事判例集／最高裁判所民事判例集
裁判集民	最高裁裁判所裁判集民事
家　月	家庭裁判月報
判　時	判例時報
判　タ	判例タイムズ

▶目　次

はしがき

凡　例

第1編　令和6年改正

第1章　親権その他親子関係に関する基本的な規律の見直し

1　親の責務に関する改正 ･･････････････････････････････ 2

Q1　改正法では、親の責務に関する改正がされましたが、それは現行法にどのような問題点があったのか、教えてください。 ････････ 2

Q2　改正法817条の12第1項は、親の責務に関してどのような規律をしていますか。また、法制審議会の議論の過程では、子の意見の表明権を確保すべきか議論され、結局、法律化は見送られましたが、子の意見の尊重は、本条項との関係でどのように理解すればよいでしょうか、教えてください。 ････････････････ 5

Q3　改正法817条の12第2項は、親の責務に関してどのような規律をしていますか、このような立法がされた背景に触れながら、教えてください。 ･･････････････････････････････････ 8

2　親権に関する法改正の背景 ･･･････････････････････････11

Q4　昭和22年に改正された民法では、離婚後は未成年の子が父又は母の単独親権に服するとされましたが、それはなぜでしょうか。それに対し、今、離婚後も共同親権に改正しようという動きがあるのはなぜでしょうか。国際的背景や国内的背景に触れつつ教えてください。 ･･･････････････････････････････････11

3　親権の意義・内容 ･････････････････････････････････16

Q5　親権とは何ですか。従前の学説に触れつつ、改正法がどのような立場に立っているか、教えてください。 ････････････････････16

1

4 父母双方が親権者となる場合とその問題点‥‥‥‥‥‥20

Q6 改正法で共同親権が選択できるのは、どのような場合でしょうか。現行法との違いを指摘しつつ教えてください。‥‥‥‥20

Q7 協議離婚で共同親権が選択されるのは、どのような場合でしょうか、具体的な場合を挙げてください。また、父母の間で協議が調わなかったときは、どうなるのでしょうか、教えてください。最後に協議離婚で共同親権が選択された場合の懸念点を教えてください。‥‥‥‥‥‥‥‥‥‥‥‥‥‥‥‥24

Q8 裁判上の離婚で父母の双方が親権者とされる場合はあるのでしょうか。あるとして、どのような場合に認められるのでしょうか。‥‥‥‥‥‥‥‥‥‥‥‥‥‥‥‥‥‥‥‥28

Q9 協議離婚で父母の協議が調わない場合や裁判上の離婚の場合、裁判所はどのような基準で親権者を判断するのでしょうか、教えてください。‥‥‥‥‥‥‥‥‥‥‥‥‥‥‥‥33

Q10 子の出生後の離婚以外の場合に共同親権が選択される場合を2つ挙げてください。そして、その場合の要件について教えてください。‥‥‥‥‥‥‥‥‥‥‥‥‥‥‥‥‥‥38

Q11 離婚時、離婚後又は非婚において共同親権が選択されるとして、どのような場合が、共同親権に相応しいといえるでしょうか、教えてください。‥‥‥‥‥‥‥‥‥‥‥‥‥‥42

Q12 離婚後共同親権には根強い反対論があります。反対論は、どのような事態を懸念しているのでしょうか、教えてください。‥‥‥46

Q13 離婚後共同親権に対する反対論の中には、改正法は、当事者が離婚後共同親権に合意しないのに、裁判所が離婚後共同親権を強制する場合がある、という批判があります。それは、改正法のどのような点を捉えて、どのような懸念を示しているのでしょうか。仮にこのような反対論が懸念する事態が生じるとして、それはどのような場合が考えられるでしょうか。‥‥‥‥‥52

Q14 フレンドリー・ペアレント・ルールとは何ですか。今回の改正は、フレンドリー・ペアレント・ルールを取り入れたという見解が一部にあるようですが、そうなのでしょうか、教えてください。‥‥‥‥56

5 離婚届の受理 ･････････････････････････････････ 61

Q15 今回の改正で離婚後の親権者の定めが変更されたことを受けて、離婚の届出の受理についての規律も改正されていますが、それはどのような規律でしょうか、教えてください。 ･･･････････ 61

6 親権の共同行使 ･･････････････････････････････ 63

Q16 改正法では、父母が婚姻中だけでなく、離婚後又は非婚においても共同親権が選択されることがありますが、父母が親権を共同で行使するとは、どのような意味でしょうか。また、その際に共同行使の対象となる親権の内容について教えてください。 ･･･････ 63

Q17 父母双方が親権者となる場合でも、父又は母の一方が親権を行使できる場合があるでしょうか、具体的に教えてください。 ･････ 67

Q18 父母双方が親権者であって、特定の事項について意見の対立がある場合、改正法はどのように調整しているのか、教えてください。 ･･････････････････････････････････････ 70

7 親権と監護権の関係 ･･････････････････････････ 73

Q19 改正法では、離婚の際に「子の監護をすべき者」だけでなく「子の監護の分掌」を父母の協議で決めることができるとされました（改正後766条1項）。監護の分掌の具体例を教えてください。また、このような定めをしたとき、どのようなことが起こるのでしょうか、教えてください。 ･････････････････････････ 73

8 親権者の変更 ･･･････････････････････････････ 77

Q20 改正法は、親権者の変更についてどのように規律していますか、教えてください。 ･････････････････････････････ 77

Q21 改正法は原則として、公布された令和6年5月24日から起算して2年を超えない範囲内において政令で定める日から施行するとされていますが、改正法施行前の離婚によって非親権者となった者が、改正法施行後に親権者変更の申立てをすることはできるのでしょうか、教えてください。 ･････････････････････ 80

9 親権者の指定の審判・調停 ･････････････････････ 81

Q22 改正法が親権行使者指定の規定（改正後824条の２第３項）を設けたことに対応して、家事事件手続法は、どのように改正されたのでしょうか、教えてください。 ……………………………… 81

10 附帯決議 ……………………………………………… 84

Q23 今回の改正法には、衆議院及び参議院で多くの附帯決議が付いていますが、それは今回の改正法にどのような問題点が懸念されているからでしょうか、教えてください。 ……………… 84

第2章 養 育 費

1 養育費等の請求権の実効性向上 ……………………… 88

Q24 養育費等の請求権が一般先取特権を有することになり、養育費等の請求権の実効性は向上したのか、教えてください。 ………… 88

2 法定養育費 …………………………………………… 94

Q25 法定養育費制度はなぜ創設されたのでしょうか。また、法定養育権の計算方法などについても教えてください。 ……………… 94

3 裁判手続における情報開示義務 ……………………… 101

Q26 当事者の収入の把握を容易にするため、実体法上、手続法上、収入に関する情報について、どのような改正がなされたか教えてください。 ……………………………………………… 101

4 執行手続における債権者の負担軽減 ………………… 104

Q27 養育費等の債権についての民事執行において、１回の申立てにより複数の執行手続を可能とするなどの改正内容について、教えてください。 ………………………………………… 104

第3章 親子交流等

1 父母婚姻中の親子交流 ………………………………… 108

目　　次

Q28 父母の婚姻中の、別居親と子の交流に関する規律が整備された理由を教えてください。 ・・・・・・・・・・・・・・・・・・・・・・・・・・・・・・・・・・・・ 108

Q29 父母の婚姻中の、別居親と子の交流の内容について教えてください。 ・・・ 113

2　裁判手続における親子交流の試行的実施 ・・・・・・・・・・・・・・・・・ 116

Q30 判決前・審判前・調停前の親子交流の試行的実施に関する規律が整備された理由を教えてください。 ・・・・・・・・・・・・・・・・・・・・ 116

Q31 判決前・審判前・調停前の親子交流の試行的実施の内容について教えてください。 ・・・・・・・・・・・・・・・・・・・・・・・・・・・・・・・・・・・・ 121

3　親以外の第三者と子との交流に関する規律 ・・・・・・・・・・・・・・ 125

Q32 父母以外の親族と子との交流に関する規律が整備された理由を教えてください。 ・・・・・・・・・・・・・・・・・・・・・・・・・・・・・・・・・・・・・・ 125

Q33 子との交流が認められる父母以外の親族の範囲について教えてください。 ・・ 129

Q34 父母以外の親族と子との交流が認められる要件について教えてください。 ・・ 134

第4章　財産分与

1　財産分与の考慮要素の明確化 ・・・・・・・・・・・・・・・・・・・・・・・・・・・・ 137

Q35 財産分与で考慮される要素が明記されたことによる影響を教えてください。 ・・ 137

Q36 婚姻中の財産の取得又は維持についての各当事者の寄与の程度について、「異なることが明らかでないときは、相等しいものとする」と明記されたことによる影響を教えてください。 ・・・・・・・・・・・ 143

2　財産分与の期間制限 ・・・・・・・・・・・・・・・・・・・・・・・・・・・・・・・・・・・・・ 146

Q37 財産分与の期限が離婚後2年から5年に延長された理由を教えてください。 ・・ 146

5

3　財産分与の裁判手続における情報開示義務‥‥‥‥‥‥‥　149

　Q38 家事審判手続における財産開示義務の内容、対象事件を教えてください。‥‥‥‥‥‥‥‥‥‥‥‥‥‥‥‥‥‥‥‥‥‥‥　149

　Q39 財産開示命令を受けた当事者がどのように対応すればよいか教えてください。‥‥‥‥‥‥‥‥‥‥‥‥‥‥‥‥‥‥‥‥‥‥　153

　Q40 財産開示命令に違反した場合、虚偽の報告をした場合はどのような罰則があるかを教えてください。‥‥‥‥‥‥‥‥‥‥‥　156

第5章　そ　の　他

1　未成年養子縁組及びその離縁の代諾に関する規律‥‥‥‥‥　160

　Q41 未成年養子縁組及びその離縁の代諾に関して改正が行われた経緯を教えてください。‥‥‥‥‥‥‥‥‥‥‥‥‥‥‥‥‥‥‥　160

　Q42 具体的にどのような点が明確化されたのか教えてください。‥‥　163

　Q43 今回の改正により、未成年者養子縁組、およびその離縁の場面において、未成年者の利益がどのように図られているのか教えてください。‥‥‥‥‥‥‥‥‥‥‥‥‥‥‥‥‥‥‥‥‥‥‥‥　166

2　夫婦間の取消権（754条）の削除‥‥‥‥‥‥‥‥‥‥‥‥‥　169

　Q44 夫婦間の取消権（754条）が削除された経緯を教えてください。‥‥‥‥‥‥‥‥‥‥‥‥‥‥‥‥‥‥‥‥‥‥‥‥‥‥‥‥‥　169

3　裁判上の離婚事由の民法770条1項4号の削除‥‥‥‥‥‥　171

　Q45 裁判上の離婚事由の民法770条1項4号（配偶者が強度の精神病にかかり、回復の見込みがないとき）が削除された経緯を教えてください。‥‥‥‥‥‥‥‥‥‥‥‥‥‥‥‥‥‥‥‥‥　171

目　次

第2編　令和4年改正

第1章　懲戒権の見直し

Q46 令和4年改正後821条は、親権者の行為規範に関してどのような
規律をしていますか。また、この改正により、児童福祉法、児童
虐待の防止等に関する法律上の監護教育に関する規定に、どのよ
うな影響がありましたか。・・・・・・・・・・・・・・・・・・・・・・・・・・・174

Q47 懲戒権規定の見直しがなされた経緯を教えてください。・・・・・・・179

Q48 令和4年改正前822条の懲戒権に関する規定が削除されたこと
による影響を教えてください。・・・・・・・・・・・・・・・・・・・・・・・・・182

第2章　嫡出推定制度の見直し

Q49 嫡出推定制度についてどのような改正がされたのか教えてくださ
い。・・185

Q50 改正がなされた背景について教えてください。・・・・・・・・・・・・・190

Q51 嫡出推定制度の改正に伴って変更になった制度についてポイント
を教えてください。・・・・・・・・・・・・・・・・・・・・・・・・・・・・・・・・・194

第3章　女性の再婚禁止期間の廃止

Q52 女性の再婚禁止期間が廃止された経緯を教えてください。・・・・・197

第4章　嫡出否認制度の見直し

Q53 嫡出否認制度に関する規律の見直しがされた理由を教えてくださ
い。・・201

Q54 改正後の嫡出否認権者の範囲について教えてください。・・・・・・205

7

Q55 改正後の嫡出否認の訴えの出訴期間について教えてください。 ··· 210

Q56 子の監護費用の償還の制限について教えてください。 ········ 214

Q57 相続開始後に子と推定された者の価格支払請求について教えてく
ださい。 ·· 218

第5章　認知無効の訴えの規律の見直し

Q58 認知無効の訴えの出訴権者の変更内容とその理由を教えてくださ
い。 ·· 220

Q59 認知無効の訴えの出訴期間が設けられた理由と期間について教え
てください。 ··· 224

Q60 認知が無効となった場合、子の監護費用の償還制限が設けられた
理由と、制限の範囲を教えてください。 ·················· 228

あとがき

編集責任者・執筆者一覧

第1編

令和6年改正

第1編 令和6年改正

第1章 親権その他親子関係に関する基本的な規律の見直し

1 親の責務に関する改正

改正法では、親の責務に関する改正がされましたが、それは現行法にどのような問題点があったのか、教えてください。

ポイント

① 現行法では子に対する父母の法的地位に関する明確な規定がなく親権者でない父母は子に対して何らの責任も負わないかのように誤解されることがありました。

② 現行法では親が子に対する法令上の権限を行使する場合や親が現に子の事実上の監護をする場合に、子の利益を最優先するべきという指針についての明確な規定がありませんでした。

③ 他方で新たな規律を置くことに対し、子を養育する責務は父母のみではなく他の親族や社会全体にもあることが指摘され、新たな規律は父母に新たな責務を課すものではなく現行法上の解釈を明確化するものであることを確認したものであるという指摘がありました。

1 現行法上、親子関係に関する基本的な規律が明示されていなかったこと

現行法においても父母（養父母を含む）は、親権を有するかどうかにかかわらず、子との関係で特別な法的地位にある（他の直系親族間とは異な

る生活保持義務がある、民法817条の6の同意等）と解されますが、現行法上ではこのような父母の法的地位については明確な規定がありません。そのため、例えば離婚後の単独親権制度の下で親権者でないこととなった父母は子に対して何らの責任も負わないかのような誤解がされることがあり、それが養育費不払いの原因の一端になっているとの指摘がありました。

2 父母の子に対する責任についての指針が明示されていなかったこと

現行法上も、親の子に対する権限としては、例えば子の監護についての必要な事項の定めを求める審判を申し立てること（民法766条2項）や特別養子縁組に同意すること（民法817条の6）などがあります。これに加え親が現に子の監護をする場合（親権者や監護者に限らず面会交流中の別居親が子の面倒をみているなどの場合も含む）においては、親は子の利益を最も優先して考慮しなければならないと解されていますが、現行法の規定上はそのような趣旨は明確ではありませんでした。

父母の子に対する責任については、前述したような生活保持義務などの経済的な責任のみならず、子の身体的・精神的な発達段階に応じ、その人格を尊重しながら必要な援助を与えるべき立場にあることについて、明示的な規定を置くべきであるとの問題意識が指摘されていました。

3 新たな規律を設けることは父母に新たな義務を課されるものではないこと

前2項のような問題意識から、法制審議会家族法制部会においては、中間試案の段階から、「父母は、成年に達しない子を養育する責務を負う」ことを明示するとともに未成年の子に対する父母の扶養義務の程度が，他の直系親族間の扶養義務の程度（生活扶助義務）よりも重いもの（生活保持義務）であることを明らかにするなどの規定を置くこと、また父母が子について権利の行使及び義務の履行をする場合や、現に子を監護する場合には「子の最善の利益を考慮しなければならない」との規定を置くことが

検討されてきました。

　ただ、このような方向性に対しては同部会において、父母による子の養育が、父母の責務や義務としての側面だけではなく、父母の権利や権限としての側面も有しているとの指摘や子を養育する責務は父母のみが負うものではなく、他の親族や国家及び社会全体で負担すべきものであるとの指摘、父母が子を養育する責務を果たすためにも社会的なサポートが重要であるとの指摘などもあり、新たな規律を設けることは子の養育をすべき責務が新たに父母に課されるものではなく、子を養育すべき責務を父母のみに課すことになるわけでもないとの理解が示された上、新たな規律は、父母の「責務」や「権利」「義務」等を「明確化」するためのものとして提示される趣旨であるものとされています（部会資料37－2）。

（豊﨑　寿昌）

第1章　親権その他親子関係に関する基本的な規律の見直し
1　親の責務に関する改正

Q2　改正法817条の12第1項は、親の責務に関してどのような規律をしていますか。また、法制審議会の議論の過程では、子の意見の表明権を確保すべきか議論され、結局、法律化は見送られましたが、子の意見の尊重は、本条項との関係でどのように理解すればよいでしょうか、教えてください。

ポイント

① 改正法817条の12第1項は、親の責務に関し、父母の子への関わり合いのうち、精神的・非金銭的な関与の面を「養育」とし、経済的・金銭的な関与の面を「扶養」として定めを置きました。

② 精神的・非金銭的な関与の面については、改正法は「子の心身の健全な発達を図るため、その子の人格を尊重するとともに、その子の年齢及び発達の程度に配慮してその子を養育しなければなら」ないものと定めています

③ 審議会の議論の過程で検討された「子の意見の表明権」については、改正法中の「子の人格の尊重」という文言中に子の意見の考慮（尊重）する趣旨が含まれていること、「子の意見の表明権」にかかる規定を明示することについての問題点等も指摘されたことから見送られています。

④ 経済的・金銭的関与の面については、未成年の子に対する親を扶養義務が生活保持義務であることを明示する趣旨で「その子が自己と同程度の生活を維持することができるよう扶養しなければならない」と定められました。

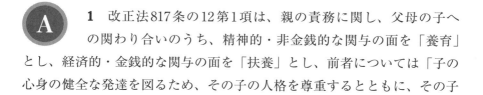

1　改正法817条の12第1項は、親の責務に関し、父母の子への関わり合いのうち、精神的・非金銭的な関与の面を「養育」とし、経済的・金銭的な関与の面を「扶養」とし、前者については「子の心身の健全な発達を図るため、その子の人格を尊重するとともに、その子

の年齢及び発達の程度に配慮してその子を養育しなければなら」ないものと定められ、後者については「その子が自己と同程度の生活を維持することができるよう扶養しなければならない」と定められました。

2　親の責務のうち、精神的・非金銭的な関与の面については、法制審議会家族法制部会の議論の過程で、中間試案の段階では「子の最善の利益の確保」を考慮するべきとの見解が盛り込まれており、その内容としては「子が示した意見等を一つの指標とすべきである」との指摘もありました。より具体的には、子の意見の表明権を明文で保証するべきか否かが議論されました。

　その後、家族法制部会第35回に提出された要綱案においては、中間試案の「子の最善の利益の確保」といった表現は「子の人格の尊重」という内容に改められる一方、この言葉の解釈としては、家族法制部会第37回に提出された要綱案（修正案）に関する議論のための補足説明資料において「法体系としての整合性から、民法第821条（子の人格の尊重等）の規定との比較で議論する必要がある」とされ「第36回会議においては、同条の『子の人格を尊重する』との文言は、子の意見等を考慮（尊重）することを含むものと整理すべきであるとの解釈が示され」、そうすると上記要綱案における「子の人格の尊重」もこれと同様に解釈されることになるため、新たに新設されることになる親の責務等の規律において、「子の人格の尊重」とは別に子の「意見」等の「考慮」又は「尊重」といった用語を追加することは適切ではないとされました。

　また、部会での議論において、具体的な事情の下では子が示した意見等に反しても子の監護のために必要な行為をすることが子の利益となることもあり得るとの指摘や、子の意見等を尊重すべきことを過度に重視しすぎると、父母が負うべき責任を子の判断に転嫁する結果となりかねないとの指摘、父母の意見対立が先鋭化している状況下において子に意見表明を強いることは子に過度の精神的負担を与えることとなりかねないとの指摘な

どが示され、結果として、子の意見等に関する規律に相当するような規定を明文で盛り込むことは、将来的な検討課題とされ、見送られました。

ただし、部会での議論においては、要綱案に子の意見等を明示的には記載していないものの、これは、父母が子の意見等を考慮する必要がないことを意味するものではなく、むしろ、「人格の尊重」には子の意見等が適切な形で尊重されるべきとの考え方を含むものとされているものとされています。

3 直系親族はお互いに扶養をする義務があり（民法877条1項）、その扶養の程度については一般の親族間の扶養義務は生活扶助義務（義務者が自己の生活を犠牲にしない程度で権利者の最低限の生活扶助を行う義務）であるのに対して、未成年の子に対する親の扶養義務は生活保持義務（子が自己と同水準の生活を保持する義務）であると解されています。しかし、そのことを明確に規律する規定は存在しませんでした。

このため、改正法においては、親の責務のうち、経済的・金銭的な関与の面については、上記の点を明らかにする趣旨で、扶養の義務が明示されました。もっとも従前から解釈上定まっていた内容を明示したものですので、親の責務を新たに創設する趣旨ではありません。

（豊﨑　寿昌）

第1編 令和6年改正

Q3 改正法817条の12第2項は、親の責務に関してどのような規律をしていますか、このような立法がされた背景に触れながら、教えてください。

ポイント

① これまで父母が負っていると解されていた責務や義務が明確化されました。

② 子の最善の利益のためには、父母が互いに人格を尊重できる関係にあり、平穏にコミュニケーションをとることができるような関係を維持することが重要となります。

③ 父母が人格尊重・協力義務に違反した場合、子に対する権利に関して、不利益に考慮される可能性があります。

A 　1　立法の経緯

　　　　今般の改正により、改正法817条の12第2項が新設され、「父母は、婚姻関係の有無にかかわらず、子に関する権利の行使又は義務の履行に関し、その子の利益のため、互いに人格を尊重し協力しなければならない。」と規定されました。

　改正前民法上、父母は、親権を有するか否かにかかわらず、子との関係においては、他の直系親族間とは異なる生活保持義務があるなど、特別な法的地位にあると解されていたものの、父母の責務について明確な規定はありませんでした。明文上の規定がないことによって、父母の離婚に伴って、親権者とならなかった父母は、子に対して何らの責任を負わないのではないかとの誤解がされることがたびたびありました。そのことが、親権者とならなかった父母が子に対して養育費を支払わないことなどの要因になっているとの指摘がされてきました。

　このような誤解を解消することで、子の利益となるように、父母の責任を明確化することが望ましいとは考えられるものの、その一方で、親子の

在り方は多種多様であるとともに、父母の責務や責任を具体的な内容として個別に規律することは、極めて困難です。そのため、父母の責務を明文化するとしても、ある程度抽象的で一般的な規律とならざるを得ませんでした。このような経緯ではあるものの、父母の責務を明文化したことで、子の最善の利益が図られることを企図したものといえます。

なお、父母の責務に関する規律を設けたとしても、父母に対して、これまでとは異なる子の養育をすべき責務が課されるようになったわけではないですし、子を養育すべき責務を父母のみに課すこととなったものでもないことには、注意が必要であり、父母が子を養育する責務を果たすためにも社会的なサポートが重要です。あくまでも、旧法上、父母が負っていると解される責務や義務を明確化したものに過ぎません。

2　父母の人格尊重・協力義務

(1)　父母の子への関わり合いとして、養育費等の支払を行う経済的・金銭的側面から子の成長を支えるもの、親子交流などの精神的・非金銭的な関与があります。離婚後の父母が子の養育に関して責任を果たしていくためには、父母が互いに人格を尊重できる関係にあり、平穏にコミュニケーションをとることができるような関係を維持することが重要です。

離婚するような状況があったことから、父母は別れることになったわけであり、そのような両者で適切にコミュニケーションを取ることは困難とも考えられます。また、離婚後の父母の中には、子の養育に無関心・非協力的な者がいることも否定できません。しかし、離婚は、夫と妻という関係を解消するものであって、父母が子との関係までをも解消するものではありません。子の健やかな成長・発達のためには、父母が協力して義務を履行し、また権利を行使しなければならず、すべては子の利益のためといっても過言ではありません。あくまで、子の利益のために父母は互いに人格を尊重し、平穏にコミュニケーションをとることができるような関係を維持しなければならないと理解されなければなりません。

第**1**編　令和6年改正

　父母の人格尊重・協力義務が規定されたことで検討されなければならないのは、どのように人格尊重・協力義務の履行を確保するか、すなわち義務違反の効果です。父母が人格尊重・協力義務を履行しないときには、結果として、子の利益が損なわれる危険が生じ得るため、義務違反をした父母に対して、親権者の指定・変更の審判や、親権喪失・親権停止の審判等において、義務違反の内容が一方の父母の不利益に考慮されるとの解釈もあり得るところです（部会資料34－2・7頁）。

　(2)　父母双方が親権者である場合においても、監護及び教育に関する日常の行為については父母の一方が単独で行うことになります。そうすると、子と別居する親から不当に干渉されることなく、日常的な子の監護をすることができるようにするためには、監護者でない父母が、子の利益のために、他方の父母の人格を尊重し、協力する義務を履行することが不可欠であるといえます。また、監護者でない親権者による親権行使等を事実上困難にさせる事態を招き、それが子の利益に反する場合があれば、それは、他方の父母の人格を否定することにも繋がりかねず、監護者による監護の限界とも解されます（部会資料34－2・7頁）。

3　以上のとおり、改正法817条の12第2項は、父母に人格尊重・協力義務を定めて、子の最善の利益が図られることを企図したものといえます。

（吉直　達法）

第1章　親権その他親子関係に関する基本的な規律の見直し
2　親権に関する法改正の背景

2　親権に関する法改正の背景

Q4　昭和22年に改正された民法では、離婚後は未成年の子が父又は母の単独親権に服するとされましたが、それはなぜでしょうか。それに対し、今、離婚後も共同親権に改正しようという動きがあるのはなぜでしょうか。国際的背景や国内的背景に触れつつ教えてください。

ポイント

①　現行民法では、離婚後は親権の共同行使が不可能ないし困難であるとの理由から、離婚後は父又は母の単独親権に服することとされています。

②　欧米各国では、子どもの権利条約の批准を契機に、離婚後共同親権制が導入されるようになり、共同親権を認める国が主流となっています。

③　日本国内では、養育費の支払いや親子交流が低調であるという現実の下、子の養育の在り方の多様化を背景として、子の利益の確保のため離婚後も父母双方が適切な形で子を養育する責任を果たすことが必要であるとの観点から、虐待やDVがある事案への対応をも検討した上で、離婚後共同親権制が導入されるに至りました。

A

1　現行民法における離婚後の親権の概要

　　昭和22年に改正された民法（現行民法）では、未成年の子は父母の親権に服し（改正前818条1項）、親権は父母の婚姻中は父母が共同して行う（改正前818条3項）が、父母が離婚する際には、それが協議離婚であっても裁判離婚であっても、父母の一方を親権者と定めるものとされ（改正前819条1項2項）、父又は母の単独親権に服することととされ

11

ていました。単独親権とした理由は、離婚後は親権の共同行使が当時の交通事情その他の状況から不可能ないし困難であるからと説明されてきました（於保不二雄・中川淳編「新版注釈民法（25）親族(5)〔改訂版〕」（有斐閣、2004年）36頁以下〔田中道裕〕）。

2 親権に関する国際的背景

国連子どもの権利条約は、子を権利の主体と捉え、「児童は…できる限りその父母を知り、かつその父母によって養育される権利を有する」（7条1項）、「締約国は、児童の養育及び発達について父母が共同の責任を有するという原則についての認識を確保するために最善の努力を払う」（18条1項1文）と規定しています。共同親権は、子の成長・発達する権利を父母が責任を持って保証するために存在すると解されています。欧米各国では、子どもの権利条約の批准を契機に、離婚後共同親権制が導入されるようになりました（二宮周平「離婚後の選択的共同親権制～その仕組みと今後の課題」戸籍時報853号2頁）。

外務省がG20を含む海外24カ国の法制度を調査した結果によると、インド及びトルコでは単独親権のみが認められているが、その他の多くの国では単独親権だけでなく共同親権も認められています。共同親権を認めている国の中では、①裁判所の判断等がない限り原則として共同親権とする国（イタリア、オーストラリア、ドイツ、フィリピン、フランス等）、②父母の協議により単独親権とすることもできる国（スペイン等）、③共同で親権を行使することはまれとされる国（インドネシア）の例があります（部会参考資料1－4・1頁）。

3 日本国内での改正の動き

日本国内における離婚の大半は協議離婚であるところ、厚労省「全国ひとり親世帯等調査結果」（平成28年実施）によれば、協議離婚をした離婚母子世帯で父から現在も養育費を受給しているのは24.3％であり、子と父

との面会交流を現在も実施しているのは29.8%と低調なのが実情です（部会参考資料1－7・18頁、25頁）。こうした数値の背景には、子の親権者を定めれば、面会交流や養育費の分担を取り決めなくても離婚ができるという現行の協議離婚制度があると考えられます。離婚後親権者となった方が子の監護・教育、財産管理など全て単独で決定でき、他方、非親権者には子に関わる事項について決定権限がないことから、子との関係を断たれた別居親・非親権者の中にはロビー活動をする当事者も現れました。平成26年3月には、親子断絶防止議員連盟が設立され、平成30年2月、共同養育支援議員連盟となり、離婚後共同親権制の導入を求める活動に展開しました（二宮周平「離婚後の選択的共同親権制〜その仕組みと今後の課題」戸籍時報853号2頁）。

　平成23年の民法改正では、離婚の際は子の利益を最も優先し、別居親と子との面会交流について定めることが明記され（改正前766条1項）、衆参法務委員会の付帯決議で離婚後の共同親権の可能性などを検討することが求められました。また、令和元年には国連の「子どもの権利委員会」が、離婚後の共同養育を認めるための法改正を日本に求めました。

　このような「父母の離婚に伴う子の養育への深刻な影響や子の養育の在り方の多様化等の社会情勢に鑑み、子の利益の確保等の観点から、離婚及びこれに関連する制度に関する規定等を見直す必要がある」として、法務大臣の諮問がなされました（諮問第113号、法制審議会189回会議・配布資料3）。そして、令和3年3月に設置された法制審議会家族法制部会の審議を経て、婚姻中の父母による共同親権を離婚後も可能とする内容を含む民法等の一部を改正する法律（令和6年法律33号）が令和6年5月17日に成立し、同月24日に公布されました（公布から2年内に施行）。

4　共同親権制をめぐる問題点と課題

　共同親権を離婚後も可能とする法改正に対しては、いくつもの重大な問題が指摘されてきました。最も深刻な点として、第1に、離婚後の共同親

権は、ドメスティックバイオレンス（DV）に苦しむ一方親が他方親の暴力を受け続けたり、子が他方親から暴力を受け続けたりする原因になり得るという問題が指摘されています。しかも、離婚において暴力の問題は決して例外ではないということが指摘されています（部会6議事録16頁・戒能委員発言）。

第2に、父母が離婚した後にも共同で親権を行使すれば、親権を円滑に行使することができないおそれが生じ、子の利益に反するという点です（部会資料25・3〜5頁では、家族法制の見直しに関する中間試案に対するパブリックコメントでこのようなおそれを表明するものが少なくなかったことが示されています。）。

第3に、離婚後共同親権をサポートする態勢、例えば家庭裁判所の適切な人員の配置や研修等の整備が不十分であり、法改正に踏み切る前に体制を整える必要があるなどの指摘がなされています。このため、家庭裁判所の体制強化が今後の課題となっています（青竹美佳「親権等に関する新たな規律—離婚後の親権についての規律を中心に」家庭の法と裁判51号8頁）。

第4に、共同親権の下でも、日々の食事などの「日常の行為」や、話し合いをする余裕のない「急迫の事情」がある場合には、一方の親だけで判断することが可能とされました（改正後824条の2第1項、2項）。国会では、どのようなケースが「日常の行為」や「急迫」に該当するのかに関する質問が相次ぎました。関係省庁は、施行までに具体的に理解できるようにガイドラインを作成し、周知する方針としています（朝日新聞デジタル「離婚後の共同親権、海外の実情は『子どもの最善』実現するために」2024年9月25日）。

離婚後の選択的共同親権制は、父母が婚姻関係になくても親権者として共に子の養育に関与することが望ましい場合があるとの理解のもとに、子の利益の確保に資する制度として期待されています。しかし、離婚後にも共同親権を可能とする部分については、主にDVや子への虐待の事案に関

する問題点が指摘され、改正法には問題点への対策を図る規定が盛り込まれているものの、部会が取りまとめた附帯決議にあるように、現時点では問題点は完全には解消されないまま課題が残されています。改正法の抱える問題の深刻さから、改正にともなう問題への対策が十分に図られているかを検証し、不十分であるとみられるときは、必要な対策を講じる必要があります（附則19条）。また、家庭裁判所に大きな期待が寄せられていることから、家庭裁判所の裁判官や調査官の増員をはじめとした対応が急務です（青竹美佳「親権等に関する新たな規律—離婚後の親権についての規律を中心に」家庭の法と裁判51号8頁）。

（中川　明子）

第1編 令和6年改正

3 親権の意義・内容

Q5 親権とは何ですか。従前の学説に触れつつ、改正法がどのような立場に立っているか、教えてください。

ポイント

① 現行民法の親権は、親の「権利」のみでなく「義務」としての性質も有し、その権利義務が子の利益のために行使されるべきものであることに異論はありません。
② しかし、「親権」の用語は、専ら親の権利であるかのように誤解されるおそれがあるとの指摘があり、改正民法の議論では、より適切な表現に改めるべきとの意見も示されました。
③ 最終的に、改正民法では、「親権」の用語は維持しつつ、改正後818条で、親権が子の利益のために行使されなければならないことが明確化されました。

1 親権の意義

改正前818条1項は、「成年に達しない子は、父母の親権に服する。」と規定していますが、ここにいう親権とは、親が子を監護・教育する職分であるとされています（我妻栄「親族法」法律学全集 (23)（有斐閣、1961年）316頁）。ここに「職分」というのは、他人を排斥して子を監護・教育する任に当たり得るという意味では権利（妨害排除請求権）の側面があるとしても、その遂行に際してはもっぱら子の福祉を図るべきことが要請されるという意味において義務的側面をももっていると解されてきました（北川善太郎編集・久貴忠彦著「親族法」民法学全集⑨（日本評論社、1984年）249頁）。

第1章　親権その他親子関係に関する基本的な規律の見直し

3　親権の意義・内容

　このような親権の性格は、旧民法（明治31年6月21日法律9号）でも「未成年の子の監護及び教育を為す権利を有し義務を負う」（旧民法879条）と明示されていましたが、旧民法下の親権は、家制度を背景とした家長権の延長として強い支配権的性質を帯びたものでした。

　これに対し、家制度を廃止し、個人の尊厳と両性の本質的平等とを基調とする現行民法が規定する親権には、支配権的な要素は含まれておらず、父母は等しく親権者となるものとされ（改正前818条）、「親権を行う者は、子の監護及び教育をする権利を有し、義務を負う。」と規定されました（平成23年改正前民法820条）。

2　親権制度の見直し

　深刻な社会問題と化している児童虐待防止等の観点から、平成23年民法改正では、親権喪失制度の見直し、親権停止制度の創設、監護に関する事項としての監護費用及び面会交流の明示等とともに、親権が「子の利益のため」に行使されるべきであることが明記され（820条）、親権者の子に対する懲戒は、子の利益のための監護・教育に必要な範囲でのみ許されることとされました（令和4年改正前822条）。

　さらに、令和4年改正法により、嫡出推定の見直しや、嫡出否認制度及び認知制度の見直し等とともに、児童虐待等防止の観点から、親権者の懲戒権に関する規定（令和4年改正前822条）が削除され、居所指定権（同821条）を822条とし、新たな821条として、子の監護及び教育における子の人格の尊重等の義務や体罰等の禁止を定める規定が設けられました。

3　親権の内容

　親権の内容は、身上に関する権利義務（身上監護権）と子の財産についての権利義務（財産管理権）に大別されます。親権の具体的な内容として民法が規定するのは次のとおりです（令和6年改正法による変更はありません。）。

17

第1編　令和6年改正

①　身上監護権

民法820条は、「親権を行う者は、子の利益のために子の監護及び教育をする権利を有し、義務を負う。」と規定し、親権の身上監護に関する原則を示しています。本条から派生する権利義務として、子の居所指定権（令和4年改正前821条）、懲戒権（令和4年改正前822条）、職業許可権（823条）が規定されていましたが、令和4年改正法により、懲戒権の規定が削除され、居所指定権が822条とされ、821条には、監護・教育に係る総則的な規定として、「親権を行う者は、前条（820条）の規定による監護及び教育をするに当たっては、子の人格を尊重するとともに、その年齢及び発達の程度に配慮しなければならず、かつ、体罰その他の子の心身の健全な発達に有害な影響を及ぼす言動をしてはならない。」との規定が新設されました。

②　財産管理権

親権者は、子の財産を管理し、子の財産に関する法律行為について子を代理し、子が行う法律行為について同意する権利義務を有しています（824条、5条）。

③　一定の身分上の行為についての代理権

身分行為は、本人の意思を尊重すべきであり、代理になじまないことから、原則として、親権者は子の身分行為について代理権を有しません。ただし、民法は、個別的に親権者が子に代わって身分行為をすることができる場合を定めています（認知の訴えの提起（787条）、15歳未満の子の氏の変更の許可の申立て（791条3項）、養子縁組の代諾（797条1項）、相続の承認又は放棄（917条）等）。

4　改正民法における親権

前記のとおり、現行民法の親権は、親の「権利」のみでなく「義務」としての性質も有し、その権利義務が子の利益のために行使されるべきものであることに異論はありません。しかし、親「権」という表現がされてい

るために、それが専ら親の権利であるかのように誤解されるおそれがあるとの指摘があります。このため、改正民法の議論では、同法の「親権」の用語をより適切な表現に改めるべきとの意見も示されました（中間試案補足説明4頁）。

　最終的に、改正民法では、「親権」の用語は維持しつつ、現行民法で「成年に達しない子は、父母の親権に服する。」とされていた818条1項の規定を、「親権は、成年に達しない子について、その子の利益のために行使しなければならない。」（改正後818条）と改めました。現行民法は、子が親権に「服する」と定めていましたが、親権がもっぱら親の子に対する支配権と誤解されかねないとの懸念から、この表現を改め、「親権」が親の「権利」のみでなく「義務」としての性質も有し、その権利義務が子の利益のために行使されなければならないものであることについて明確化されました。

（中川　明子）

第1編 令和6年改正

4 父母双方が親権者となる場合とその問題点

Q6 改正法で共同親権が選択できるのは、どのような場合でしょうか。現行法との違いを指摘しつつ教えてください。

ポイント

① 現行民法では、父母の婚姻中は一律的に共同親権となりますが、それ以外に共同親権を選択できる場合はありません。

② 改正法では、現行民法と同様に、父母の婚姻中は共同親権となりますが、協議離婚の際に父母の協議により共同親権を定めた場合、裁判離婚の際に裁判所が共同親権を定めた場合、子の出生前に父母が離婚した際に父母の協議により共同親権を定めた場合、父が認知した子について父母の協議により共同親権を定めた場合、これらの父母の協議が調わず、申し立てられた審判において裁判所が共同親権を定めた場合に、共同親権となります。

③ 改正法は、離婚後の共同親権を原則とするのではなく、「離婚後の選択的共同親権制」であると評価されます。

1 現行民法で共同親権が選択できる場合

昭和22年に改正された民法（現行民法）では、未成年の子は父母の親権に服し（改正前818条1項）、親権は父母の婚姻中は父母が共同して行う（改正前818条3項）が、父母が離婚する際には、それが協議離婚であっても裁判離婚であっても、父母の一方を親権者と定めるものとされ（改正前819条1項2項）、父又は母の単独親権に服することとされています。

子の出生前に父母が離婚した場合には、親権は母が行うが、子の出生後

に父母の協議により父を親権者と定めることができます（改正前819条3項）。また、父が認知した子に対する親権は、父母の協議により父を親権者と定めたときに限り、父が行います（改正前819条4項）。

　よって、現行民法では、父母の婚姻中は一律的に共同親権となりますが、それ以外に共同親権を選択できる場合はありません。

2　改正法で共同親権が選択できる場合

　改正法では、父母の婚姻中はその双方を親権者とする点（改正後818条2項）は、現行民法と同様です（ただし、共同親権の下でも、親権の単独行使が可能な場合を明確化する規定が新設されました（改正後824条の2）。）。

　しかし、協議離婚の際は、父母の協議によりその双方又は一方を親権者と定めることとされました（改正後819条1項）。また、裁判上の離婚の場合には、裁判所が、父母の双方又は一方を親権者と定めることとされました（改正後819条2項）。

　また、子の出生前に父母が離婚した場合には、親権は母が行うが、子の出生後に父母の協議により父母の双方又は父を親権者と定めることができます（改正後819条3項）。そして、父が認知した子に対する親権も、母が行いますが、父母の協議により父母の双方又は父を親権者と定めることができます（改正後819条4項）。

　また、上記の父母の協議が調わず、父又は母が審判を申し立てた場合も、裁判所は父母の双方又は一方を親権者と定めることになります（改正後819条5項）。よって、改正法では、現行民法と同様に、父母の婚姻中は共同親権となりますが、協議離婚の際に父母の協議により共同親権を定めた場合、裁判離婚の際に裁判所が共同親権を定めた場合、子の出生前に父母が離婚した際に父母の協議により共同親権を定めた場合、父が認知した子について父母の協議により共同親権を定めた場合、これらの父母の協議が調わず、申し立てられた審判において裁判所が共同親権を定めた場合に、

共同親権となります。

3 選択制共同親権制の採用

　離婚後の共同親権については、DVや虐待などの重大な問題が指摘され、その問題意識が共有されたことから、改正法は、父母の離婚後に原則として共同親権とするような急激な変化を伴う立法例は採用していません。改正法は、離婚後の共同親権を原則とするのではなく、離婚時に共同親権とするか単独親権とするかを、まずは父母の協議に委ねることとする制度を取り入れました。これは、共同親権を原則とし、例外的な場合のみ単独親権を認める諸外国の立法とも異なる独自の制度であり、「離婚後の選択的共同親権制」であると評価することができます（青竹美佳「親権等に関する新たな規律—離婚後の親権についての規律を中心に」家庭の法と裁判51号8頁）。

　そして、協議において合意が成立しない場合、または裁判離婚の場合には、家庭裁判所が共同親権とするか単独親権とするかを定めることとされています（改正後819条2項、5項）。選択的な制度を採用したのは、離婚後も共同親権を原則とする国と比べて、日本では離婚後に共同親権とする場合に生じる問題への公的対応が十分にできる環境が整備されていないといった消極的な理由に基づいています。選択的な制度の有意義な点は、このような公的対応の不十分さを前提として、とりわけDVや子への虐待を伴う離婚で子や一方親の安全性が脅かされている状況において、離婚後も当然に共同親権が継続する事態を避けていることです。しかし、それだけでなく、選択的な制度は、子の利益を確保する観点から多様な家族における養育の多様性に対応しているという点でも有意義であると捉えられています（部会資料25・9頁、青竹美佳「親権等に関する新たな規律—離婚後の親権についての規律を中心に」家庭の法と裁判51号8頁）。

　もっとも、選択的な制度は、父母の真摯な合意があることを前提とし、暴力等により一方親が他方親に圧力を加えるなどして真摯な合意なく共同

親権を押し付けられる場合には大きな問題が生じます。そこで、真摯な合意なく共同親権を強制された場合などに共同親権の適切な修正を図ることができるよう親権者変更の規定が見直され、後述するように主に共同親権から単独親権への親権者変更の審判において、家庭裁判所が考慮する事由について明示されることとなりました（改正後819条6項7項8項。青竹美佳「親権等に関する新たな規律—離婚後の親権についての規律を中心に」家庭の法と裁判51号8頁）。

　また、改正法では、親権について合意が調わない場合でも、親権者の指定を求める家事審判又は家事調停が申し立てられている場合には、離婚自体は可能とされ（改正後765条1項2号）、離婚と親権を切り離すことを可能とすることで、早期の離婚を望む当事者が安易に共同親権に応じてしまう事態を回避することが目指されています（部会資料27・8頁）。もっとも、これにより問題が完全には解消されておらず、改正法の附則では、「親権者の定めが父母の双方の真意に出たものであることを確認するための措置」を政府が施行日までに検討し対策を講じることとされています（附則19条。青竹美佳「親権等に関する新たな規律—離婚後の親権についての規律を中心に」家庭の法と裁判51号8頁）。

（中川　明子）

第1編 令和6年改正

Q7 協議離婚で共同親権が選択されるのは、どのような場合でしょうか、具体的な場合を挙げてください。また、父母の間で協議が調わなかったときは、どうなるのでしょうか、教えてください。最後に協議離婚で共同親権が選択された場合の懸念点を教えてください。

ポイント

① 協議離婚で共同親権が選択される場面として、父母が何らかの事情で婚姻関係を解消せざるを得ないとしても、子の養育に関しては協力することができる場合等が考えられます。共同親権にはメリット・デメリットがあります。共同親権を選択することで、子の心身の健全な発達を図り、子どもの利益になることが期待できるような場合には、共同親権を選択するのに適しているといえるでしょう。

② 一方、父母の一方が他方に対し暴力等を行っているような場合（ドメスティックバイオレンス（DV））、父母の一方が子どもの養育に無関心で非協力的な場合、父母の間で子どもの養育に関する意見が異なることが原因で離婚する場合等は、父母の一方又は双方が共同親権に反対することが考えられます。

③ 協議離婚の際、当事者間で親権者につき協議が調わない場合、家庭裁判所が協議に代わる審判で親権者を定めるとされています。

　なお、改正前は、未成年の子がいる場合に親権者を定めないまま離婚することは認められませんでしたが、改正後は、親権者を指定しないまま、親権者の指定を求める家事審判又は家事調停の申立てをした上で、離婚だけをすることが認められるようになります。

④ 協議離婚で共同親権にした場合の懸念点は、離婚を急ぐあまり、真意ではないのに、相手の主張する共同親権に合意してしまう等が考えられます。離婚後の親権者を指定した後、親権者の変更をするには裁判所の調停又は審判の手続きによる必要があり、話合いで変更することはできません。

第1章　親権その他親子関係に関する基本的な規律の見直し

4　父母双方が親権者となる場合とその問題点

A　1　共同親権のメリットとデメリット

　　　　改正前の民法では、離婚後は父母の一方を親権者と定めると
されていました。しかし、今回の改正で、協議離婚の際に父母の一方又は
双方を親権者と定めるとされており（改正後819条1項）、共同親権を選択
することができるようになります。

　共同親権は、父母の双方が親権をもつことになる制度で、親権は原則と
して共同して行使することになります。

　共同親権を選択するメリットとして、離婚時の親権争いを回避しやすく
なるだけでなく、離婚後も父母の双方が親権をもつことで、自ずと別居親
も子の養育に関わりやすくなり、それにより、同居親にとっては養育費の
不払いを予防しやすくなりますし、別居親にとっては子との面会交流が実
施されなることにつながり易い等が挙げられます。また、子にとっては、
父母の離婚後も、できるだけ別居親との関係を継続できることで、心身の
健全な発達ができ、子ども自身の利益になることを期待しやすいというメ
リットが挙げられます。

　一方で、共同親権を選択するデメリットとしては、離婚後も、離婚前の
父母と子の関係や父母同士の関係が継続する可能性があることから、父母
の一方による子に対する虐待や、父母の一方から他方に対するDVがある
ような場合にはその状態が継続する危険性がある等が挙げられます。この
ような場合には、共同親権を選択することにより、かえって子の心身の健
全な発達を図ることが難しく、子どもの利益にならないものと考えられま
す。

2　協議離婚で共同親権が選択されるケース

　協議離婚で共同親権が選択されるのは、一般的には、父母が何らかの事
情で婚姻関係を解消せざるをえないとしても、子の養育に関しては協力す
ることが期待できるような場合等が考えられます。具体的には、上記1の
メリットを活かせるような場合、即ち、別居親が養育費を支払うことが期

待できる場合や、子との面会交流の実現が期待できる場合等、父母の双方が子どもの養育にかかわることで子の心身の健全な発達を図ることができ、子どもの利益になることが期待できるような場合です。

このような場合には、離婚時に親権を争う必要がなくなりますし、また、離婚後も上記のようなメリットを期待することができ、子の利益にも資することが期待できます。

なお、改正前に既に離婚した父母も、改正後は、親権者の指定の変更の調停又は審判により、単独親権から共同親権への変更をすることができるようになります（詳細は後記**4**を参照してください。）。

3　協議離婚で親権について父母の協議が調わない場合

改正前は、未成年の子がいる場合、親権を定めないまま離婚することは認められませんでした（改正前765条1項、同819条1項）。なお、従前から、離婚の届出前に協議離婚後の親権者を定める調停又は審判をすることができると解されていましたが（東京高決昭和28年3月30日家月5巻7号45頁等）、実務上、離婚調停を申し立て、離婚調停手続きの中で主に親権者の指定を協議するケースが一般的でした。

しかし、改正後は、親権者を定めないままであっても、親権者の指定を求める家事審判又は家事調停の申立てをした上で、離婚の届出をすることができるようになります（改正後765条1項2号、改正後戸籍法76条1号）。但し、親権者が定められるまでは、離婚後も共同親権となります。

親権について父母の協議が調わない場合、家庭裁判所は、協議に代わる審判で親権者を定めることができます（民法819条5項。この条項自体は現行法にあり、改正されていません。）が、今回の改正により、単独親権だけでなく共同親権を指定することもできるようになります（改正後819条2項）。

4 協議離婚で共同親権が選択された場合の懸念点

では、協議離婚で共同親権が選択された場合の懸念点として、どのようなことが考えられるでしょうか。

協議離婚で共同親権にした場合の懸念点は、離婚を急ぐあまり、真意ではないのに、相手の主張する共同親権に合意してしまう等が考えられます。また、共同親権を選択することにより、かえって子の心身の健全な発達を図ることが難しく、子どもの利益にならないケースであり、父母の一方が共同親権に反対したにも関わらず、父母の他方や周囲の者がそれを理解せず、結局、父母の一方も内心では渋々ながら共同親権に同意するというケースも考えられます。

しかし、親権者を一度指定した後、親権者の変更をするには裁判所の調停又は審判の手続きによる必要があり、話合いで変更することはできません。

なお、改正後819条6項は、親権者の変更の請求権者を「子又はその親族」と定め、子の親族のほか「子」自身も請求権者に認めています。また、今回の改正で、親権者の変更の基準についての詳細な規定が新設されました（改正後819条8項）。加えて、改正後家事事件手続法169条2項は、家庭裁判所に対し、親権者の変更の審判をするにあたり、子が15歳以上の場合は子の陳述の聴取をするよう義務づけています。

（礒﨑 奈保子）

裁判上の離婚で父母の双方が親権者とされる場合はあるのでしょうか。あるとして、どのような場合に認められるのでしょうか。

ポイント

① 裁判上の離婚の場合は、家庭裁判所が父母の双方又は一方を親権者と定めるとされています。したがって、改正後は、裁判所が共同親権を選択する場合があり得るということになります。

② 裁判所が共同親権を選択するのは、子の利益のために共同親権が必要という場合になりますので、共同親権が原則として選択されるという訳ではありません。また、児童虐待やDVが認められる等、共同親権を選択することで子の利益を害する場合には、家庭裁判所が単独親権を選択することを義務づけられています。もっとも、実際のケースにおいては、客観的に児童虐待やDV等が認められるようなケースであっても、裁判所がその事実を認定することが難しい場合も考えられます。

③ 父母の一方が共同親権に反対している場合も、そのことだけで一律に子の利益を害すると直ちに判断するのは難しく、共同親権が選択されることがあり得るということになります。もっとも、父母の一方が共同親権に反対している場合に裁判所があえて共同親権を選択するのは、例えば「同居親が子育てに無関心な場合」、「同居親が親権行使に支障をきたすほどの精神疾患がある場合」、あるいは、いわゆるヤングケアラーの子のケースで、同居親の世話をしている場合など、共同親権が子の利益に必要と判断される例外的な場合に限られるものと考えられます。

④ なお、共同親権と指定されても、例外として、親権の行使を単独ですることができる場合もあります。

第1章　親権その他親子関係に関する基本的な規律の見直し
4　父母双方が親権者となる場合とその問題点

A　**1　裁判上の離婚での単独親権と共同親権の選択**

　　改正前の民法では、協議離婚、裁判上の離婚を問わず、離婚後は父母の一方を親権者と定める旨規定していました（単独親権、改正前819条1項、2項）。

　しかし、今回の改正で、協議離婚でも、裁判上の離婚でも、父母の双方を親権者と定めることもできるようになり、単独親権と共同親権を選択できるようになります（改正後819条1項、2項）。

　したがって、裁判上の離婚で父母の双方が親権者とされる場合があり得ることになります。

2　家庭裁判所が共同親権か単独親権かを判断する考慮要素

　では、裁判上の離婚で父母の双方が親権者とされる場合があるとして、どのような場合に認められるのでしょうか。

　たしかに、改正後819条2項の規定の文言が「父母の双方又は一方を」とあり「双方」が先に記載されていることから、共同親権が原則として選択されるように読めなくもありません。しかし、改正後819条7項は、家庭裁判所が父母の双方を親権者と定めるかその一方を親権者と定めるかを判断する際、子の利益のため、父母と子との関係、父と母との関係その他一切の事情を考慮しなければならない旨規定しており、家庭裁判所が「子の利益のため」に必要なのはどちらかを判断し決めることになります。ですから、共同親権が原則として選択されるという訳ではありません。

　もっとも、共同親権が選択されることで子だけでなく父母もメリットを得られる可能性があります。具体的には、離婚訴訟において親権争いを回避しやすくなる、離婚後も父母の双方が親権をもつことで、自ずと別居親も子の養育に関わりやすくなり、それにより、同居親にとっては養育費の不払いを予防しやすくなりますし、別居親にとっては子との面会交流が実施されなることにつながり易い等のメリットが挙げられます。また、子にとっては、父母の離婚後も、できるだけ別居親との関係を継続できること

29

で、子の心身の健全な発達を図り、子どもの利益になることが期待されやすいというメリットが挙げられます。

ですから、裁判所は、父母が訴訟において離婚事由の有無を争うような状態下であっても、子の養育については協力できるような場合には、共同親権を選択するようになることが考えられます。

しかし、次の①②に該当するとき、その他父母の双方を親権者と定めることにより子の利益を害すると認められるときは、家庭裁判所は父母の一方を親権者と判断することが義務づけされるようになります（改正後819条7項）。

① 父又は母が子の心身に害悪を及ぼすおそれがあると認められるとき（改正後819条7項1号）

② 父母の一方が他の一方から身体に対する暴力その他の心身に有害な影響を及ぼす言動を受けるおそれの有無、親権に関する協議が調わない理由その他の事情を考慮して、父母が共同して親権を行うことが困難であると認められるとき（改正後819条7項2号）

もっとも、実際のケースにおいては、客観的に上記①又は②に該当するようなケースであっても、裁判所が上記①②の判断をすることが難しい場合も考えられます。今後の課題となることが考えられます。

3 父母の一方が共同親権に反対している場合

ケースによっては、父母の間で子どもの養育に対する考え方が異なり、それが原因の1つで離婚訴訟になっているケースがあることも考えられます。そのようなケースにおいて、父母の一方が共同親権に反対している場合に、裁判上の離婚の際、家庭裁判所が父母の双方を親権者と定める可能性はあるのかを検討します。

改正後819条7項には、家庭裁判所が父母の双方を親権者と定めるかその一方を親権者と定めるかを判断する際、「子の利益のため、父母と子との関係、父と母との関係その他一切の事情」を考慮しなければならないこ

とが定められています。そのため、たとえ父母の一方が離婚後の共同親権に反対しているとしても、そのことだけで一律に子の利益を害すると直ちに判断するのは難しく、家庭裁判所が共同親権を選択する可能性はあるということになります。

実際、小泉法務大臣も、同様の趣旨のことを述べており、当事者間で共同親権の合意が成立しない場合にも、共同親権となる可能性があることを示唆しています（詳細は**Q13**を参照してください。）。

しかし、家庭裁判所が、何らかの理由で信頼関係や協力関係が失われて離婚した父母に対して、父母の一方が共同親権に反対しているような状況の下であえて父母の双方を親権者と指定することは実際上考えにくい、とも考えられます。

もっとも、たとえ父母の一方が共同親権に反対していたとしても「子の利益のために」必要がある場合には、裁判所は共同親権を選択することがあり得ます（改正後819条7項）。法制審議会では、子の利益のために共同親権とする必要がある場合として、「同居親が子育てに無関心な場合」や「同居親が親権行使に支障をきたすほどの精神疾患がある場合」があるのではないかと議論されました（詳細は**Q13**を参照してください。）。また、筆者が経験したケースでは、例えば、いわゆるヤングケアラーの子が同居親の世話をしているケースで、父母双方を親権者と指定することで子の利益になるのではないかと思われるケースがありました。

離婚に関わる弁護士としては、今後、改正法施行後の家庭裁判所の運用等を注視していく必要があるでしょう。

4 離婚後共同親権と指定されても、例外として単独で親権の行使をすることができる場合

離婚後であっても共同親権と指定された場合、親権は父母が共同して行使するのが原則です。但し、改正後824条の2は、例外として単独で親権の行使をすることができる場合についても規定しています（次の①～④）。

① 監護及び教育に関する日常の行為（改正後824条の2第2項）

② 子の利益のため急迫の事情があるとき（改正後824条の2第1項但書）

③ 他の一方が親権を行うことができないとき（改正後824条の2第1項但書）

④ 家庭裁判所が、特定の事項に係る親権の行使について、父母の一方が単独ですることができる旨を定めたとき（改正後824条の2第3項）

竹内努法務省民事局長は、共同親権の場合に、父母のどちらの同意も必要となるものの具体例として、幼稚園や学校の選択、進学か就職かの選択、生命に関わる医療行為、長期間勤務する会社への就職の許可などを挙げています（竹内努政府参考人・第213回国会衆議院法務委員会答弁（令和6年4月10日）。また、同様に、例外として父母の一方だけの判断でよい場合のうち①監護及び教育に関する日常の行為の例として、子どもの服装、習い事の選択、風邪の診療等日常的な医療行為などを挙げています（竹内努政府参考人・第213回国会衆議院法務委員会答弁（令和6年4月10日）。もっとも、例えば、染髪行為について校則で退学になる可能性の有無で判断が分かれたり、パスポート取得について海外渡航の期間や目的で判断が分かれたりするなど、基準があいまいで分かりにくいという指摘がなされています（福島みずほ・第213回国会参議院法務委員会意見（令和6年5月16日）参照）。

今後、法律の施行までに、共同親権となった場合、子どもに関するどのような場面で両親の同意が必要なのかについて、ガイドラインが示されることになっており、注視していく必要があるでしょう。

（礒﨑　奈保子）

第1章　親権その他親子関係に関する基本的な規律の見直し
4　父母双方が親権者となる場合とその問題点

協議離婚で父母の協議が調わない場合や裁判上の離婚の場合、裁判所はどのような基準で親権者を判断するのでしょうか、教えてください。

ポイント

① 協議離婚の場合、父母の間で親権につき協議が調わないときは、家庭裁判所が協議に代わる審判で親権者を父母の双方又は一方に定めるとされています。また、裁判上の離婚の場合、家庭裁判所が親権者を父母の双方又は一方に定めるとされています。

② 家庭裁判所は、親権者を誰にするのが子の利益になるかを判断して、共同親権（父母の双方）、単独親権（父母の一方）を定めることになりますが、一定の場合には、単独親権と判断することが義務づけられるようになります。

③ 家庭裁判所が単独親権を選択した場合、父母のどちらを親権者にするのが子の利益になるかを判断して親権者を定めることになりますが、その考慮要素は明文にありません。裁判例の中には、これまでの監護養育状況、子の現状や父母との関係、父母それぞれの監護能力や監護環境、監護に対する意欲、子の意思、その他の子の健全な成育に関する事情を総合的に考慮して、子の利益の観点から判断すべきとするものがあります（東京高判平成29年1月26日判時2325号78頁）。

1　協議離婚で親権について父母の協議が調わない場合
(1) 共同親権又は単独親権の選択

父母が協議により離婚について合意したものの親権者の指定について父母の協議が調わない場合、家庭裁判所は、協議に代わる審判で親権者を定めることができます（民法819条5項）。

改正前の民法では、協議離婚、裁判上の離婚を問わず、離婚後は単独親

権（父母の一方）と定められていましたが、改正後は、協議離婚でも、裁判上の離婚でも、単独親権だけでなく共同親権を選択することができるようになります（改正後819条1項、2項）。

(2) 裁判所の判断基準、考慮要素

では、家庭裁判所はどのような基準で親権者を判断するのでしょうか。

改正後819条7項は、家庭裁判所が、共同親権か単独親権かを判断するにあたっては、子の利益のため、父母と子との関係、父と母との関係その他一切の事情を考慮しなければならないことを定めています。つまり、家庭裁判所は子の利益になるのはどちらかという基準で親権者を誰にするか判断すべきであることを定めつつ、その判断にあたって、父母と子との関係、父と母との関係その他一切の事情を考慮すべきことを定めています。

また、改正後819条7項は、次の①～②を例に挙げて、これらに該当するとき、その他父母の双方を親権者と定めることにより子の利益を害すると認められるときは、家庭裁判所に対して単独親権と判断することが義務づけています。

① 父又は母が子の心身に害悪を及ぼすおそれがあると認められるとき（改正後819条7項1号）

② 父母の一方が他の一方から身体に対する暴力その他の心身に有害な影響を及ぼす言動を受けるおそれの有無、親権に関する協議が調わない理由その他の事情を考慮して、父母が共同して親権を行うことが困難であると認められるとき（改正後819条7項2号）

①は児童虐待のおそれのあるとき、②はDVがあるとき等を表したものですが、実際のケースでは、たとえ客観的には①②の事実があるケースであっても、裁判所が①②の判断を行うことが難しい場合も考えられ、今後の課題となることが考えられます。

では、家庭裁判所が子の利益に必要なのは単独親権と判断した場合、どのような基準で父母のどちらを親権者と定めるかを判断するのでしょうか。

第1章　親権その他親子関係に関する基本的な規律の見直し
4　父母双方が親権者となる場合とその問題点

一般的に、子の利益を最も優先して判断すべきと考えられていますが（民法766条1項参照）、具体的な考慮要素については明文がありません。実際の親子関係・夫婦関係は様々ですが、改正前の裁判例ではありますが、東京高判平成29年1月26日判時2325号78頁は、未成年の親権者を定めるという事柄の性質と民法766条1項、771条及び819条6項の趣旨に鑑み、当該事案の具体的な事実関係に即して、次の①～④を総合的に考慮して、子の利益の観点から父母の一方を親権者に定めるべきと判断しています。

①　これまでの監護養育状況、子の現状や父母との関係

②　父母それぞれの監護能力や監護環境、監護に対する意欲

③　子の意思（家事事件手続法65条、人事訴訟法32条4項参照）

④　その他の子の健全な成育に関する事情

このうち④その他の子の健全な成育に関する事情の1つとして、面会交流を許容する態度を挙げることができますが、上記裁判例はこれに関して次のように判示しています。

「父母それぞれにつき、離婚後親権者となった場合に、どの程度の頻度でどのような態様により相手方に子との面会交流を認める意向を有しているかは、親権者を定めるに当たり総合的に考慮すべき事情の一つであるが、父母の離婚後の非監護親との面会交流だけで子の健全な成育や子の利益が確保されるわけではないから、父母の面会交流についての意向だけで親権者を定めることは相当でなく、また、父母の面会交流についての意向が他の諸事情より重要性が高いともいえない。」

また、他にも、上記以外の裁判例にあらわれたものとして、子が乳幼児の場合はその監護は特段の事情がない限り母性を優先させるべきという考え方、父母の合意に基づき安定的な生活を送っている子を奪取する等、監護開始時に違法な行為があった事実が親権者の適格性に影響を及ぼすという考え方、離婚についての有責性が親権者の適格性に影響を及ぼすという考え方等があります。

いずれにせよ事実の調査等を通じて個々の事案の事情をできるだけ明ら

かにし、当該事案の事情に即して子の利益の観点から総合的に判断されるべきでしょう。また、子の意思だけで親権者を指定した裁判例はまだ見当たりませんが、こども基本法（令和4年法律第77号）が令和4年6月に成立し令和5年4月に施行されており、その理念の1つに子どもの意見の尊重が挙げられていることから（同法3条4号）、子の年齢など、事案によっては今後裁判例に影響を与えるのか注視したいところです。

⑶　事実の調査等

　家庭裁判所は、親権者を判断するにあたり、事実を調査することができます。また、家庭裁判所は、子の陳述の聴取、家庭裁判所調査官による調査その他の適当な方法により、子の意思を把握するように努め、審判をするに当たり、子の年齢及び発達の程度に応じて、その意思を考慮しなければならないこととされています（家事事件手続法65条）。また、子が15歳以上の場合は子の陳述の聴取は義務となっています（改正後家事事件手続法169条2項）。

2　裁判上の離婚の場合

⑴　共同親権又は単独親権の選択

　裁判上の離婚の場合、家庭裁判所が親権者を定めることになりますが、改正後は、単独親権だけでなく共同親権を選択することができるようになります（改正後819条2項。人事訴訟法32条3項）。

　なお、改正後は、「配偶者が強度の精神病にかかり、回復の見込みがないとき。」が離婚事由から削除されます（改正後770条1項。改正前770条1項4号）。

⑵　裁判所の判断基準、考慮要素

　家庭裁判所が、共同親権か単独親権かを判断する基準、考慮要素、単独親権が義務づけられる場合、及び、父単独親権か母単独親権かを判断する基準、考慮要素については、上記1⑵を参照してください。

(3) 事実の調査等

　家庭裁判所は、親権者の指定についての裁判をするにあたって事実の調査をすることができます（人事訴訟法33条1項）。裁判所が、相当と認めるときは、合議体の構成員に命じたり、家庭裁判所や簡易裁判所に嘱託したりして事実の調査をさせることもできますし、家庭裁判所調査官に事実の調査をさせることもできます（人事訴訟法33条2項、34条1項）。

　裁判所が審問期日を開いて当事者の陳述を聴くことにより事実の調査をするときは、他の当事者は、原則として当該期日に立ち会うことができますが（人事訴訟法33条4項（この条項は現行法にあり改正されていません。）、事実の調査の手続きは原則として非公開と定められています（人事訴訟法33条5項）。

　子の年齢が15歳以上であるときは、家庭裁判所は、親権者指定の裁判をするにあたり、その子の陳述を聴かなければならないものと定められています（改正後人事訴訟法32条4項）。

〔参考文献〕

・第一東京弁護士会全期会編著「判例ケーススタディ　今すぐ使える離婚事件実務」（日本加除出版、2021年）238 〜 255頁

（礒﨑　奈保子）

第1編 令和6年改正

Q10 子の出生後の離婚以外の場合に共同親権が選択される場合を2つ挙げてください。そして、その場合の要件について教えてください。

ポイント

① 子の出生後の離婚以外で共同親権が選択される場合として、改正法においては、子の出生前に父母が離婚し、子の出生後に、父母の協議（改正後819条3項）又は家庭裁判所による審判（改正後819条5項）で共同親権と定める場合と、父が認知した子につき、父母の協議（改正後819条4項）又は家庭裁判所による審判（819条5項）で共同親権と定める場合が規定されました。

② 上記2つの場合の要件については、下記解説をご参照ください。

1 子の出生後の離婚以外で共同親権が選択される場合とその要件

出生前に父母が離婚した子や父が認知した婚外子については、改正前民法では母が親権者とされ、協議又は審判によって父を親権者とすることはできますが（改正前819条3項、4項、5項）、いずれにせよ父又は母の単独親権とされていました。しかし、離婚後に婚姻関係のない父母が共同で親権を行使する可能性があるのであれば、認知の場合も含め、父母による共同での親権行使の可能性を認めないのは不整合だと考えられます（部会資料28・8頁、部会資料30－2・11頁）。そこで、改正民法は、出生前に父母が離婚した場合や認知の場合にも、以下のとおり父母による共同親権を選択できることとしました。

(1) 子の出生前離婚の場合

子の出生前に父母が離婚した場合には、親権は、母が行います。ただし、子の出生後に、父母の協議で、父母の双方を親権者と定めることができます（改正後819条3項）。そして、この父母の協議が調わないとき、又は協

議をすることができないときは、家庭裁判所は、父又は母の請求によって、協議に代わる審判をすることができます（民法819条5項）。

この場合に共同親権となる要件は、下記のとおりです。

ア　子の出生前に父母が離婚したこと

イ　子の出生後に父母の協議で共同親権を定めること

ウ　上記イの協議が調わないとき又は協議することができないときは、家庭裁判所が、父又は母の請求により、協議に代わる審判により共同親権を定めること

(2)　認知の場合

父が認知した子に対する親権は、母が行います。ただし、父母の協議で、父母の双方又は父を親権者と定めることができます（改正後819条4項）。そして、この父母の協議が調わないとき、又は協議をすることができないときは、家庭裁判所は、父又は母の請求によって、協議に代わる審判をすることができます（民法819条5項）。

この場合に共同親権となる要件は、下記のとおりです。

ア　父が子を認知したこと

イ　その後父母の協議で共同親権を定めること

ウ　上記イの協議が調わないとき又は協議することができないときは、家庭裁判所が、父又は母の請求により、協議に代わる審判により共同親権を定めること

2　本改正の趣旨・経緯等について

(1)　本改正の趣旨・経緯について

まず、法制審議会家族法制部会（以下「部会」といいます。）による中間試案においては、認知の場合の親権の規律として、下記の甲案及び乙案が提案されていました（中間試案6頁）。

【甲案】

父が認知した場合の親権者について、現行民法第819条を見直し、父

母双方を親権者と定めることができるような規律を設けるものとした上で、親権者の選択の要件や父母双方が親権を有する場合の親権の行使に関する規律について、上記2及び3と同様の規律を設けるものとすることについて、引き続き検討するものとする。

【乙案】

父が認知した場合の親権者についての現行民法第819条の規律を維持し、父母の協議（又は家庭裁判所の裁判）で父を親権者と定めたときに限り父が親権を行う（それ以外の場合は母が親権を行う）ものとする。

(2)　その後、第30回部会において、父母間の嫡出子につき離婚後共同親権の可能性が開かれるならば、父母間に現に婚姻関係がない場合にも共同親権行使の場面が生ずることになるので、親権制度全体の整合性を考慮し、嫡出でない子についても共同親権行使の必要性は生じるし、同様の観点から、子の出生前に父母が離婚した場合の共同親権についても検討する必要があるとして、下記ア及びイ記載の改正後819条3項及び同4項それぞれの改正案が提案されました（第30回部会提出資料　青竹美佳・石綿はる美・沖野眞已・久保野恵美子・小粥太郎「親権、監護、親の義務等に関する民法上の基本概念および規定のあり方等について」9頁ないし11頁）。

　ア　第30回部会で提案された改正後819条3項の改正案

【甲案】 第819条第3項　子の出生前に父母が離婚した場合には、親権は、母が行う。ただし、（子の出生後に、）父母の協議で、父を親権者と定める、又は父母双方を親権者と定めることができる。

【乙案】 第819条第3項　子の出生前に父母が離婚した場合には、（子の出生後に、）父母の協議で、父母双方を親権者とするかその一方を親権者とするかを定めるものとする。親権者を定めるまでの間は、親権は、母が行う。

　イ　第30回部会で提案された改正後819条4項の改正案

【甲案】 第819条第4項　父が認知した子に対する親権は、父母の協議で、

父母双方を親権者と定める、又はその一方を親権者と定めることができる。親権者の定めがない場合は、親権は母が行う。

【乙案】第819条第4項　父が認知した子に対する親権は、認知と同時に又は認知の後に、父母の協議で、父母双方を親権者とするかその一方を親権者とするかを定めるものとする。親権者を定めるまでの間は、親権は、母が行う。

(3)　審議の後、部会がまとめた「家族法制の見直しに関する要綱案」（令和6年1月30日）では、「子の出生前に父母が離婚した場合には、親権は、母が行う。ただし、子の出生後に、父母の協議で、父母の双方又は父を親権者と定めることができる。」及び「父が認知した子に対する親権は、母が行う。ただし、父母の協議で、父母の双方又は父を親権者と定めることができる。」との規律を設けることとされました。

(4)　そして、この要綱案に基づいて法務省が提出した法案つき、国会による審議・議決を経て、子が出生前に父母が離婚した場合及び認知の場合にも共同親権が選択できることとなりました。

（小西　麻美）

第1編 令和6年改正

Q11 離婚時、離婚後又は非婚において共同親権が選択されるとして、どのような場合が、共同親権に相応しいといえるでしょうか、教えてください。

ポイント

① 離婚時、離婚後又は非婚において、共同親権が選択される場合としては、大別して、父母の協議で定める場合と家庭裁判所が判決又は協議に代わる審判により共同親権を定める場合があります。

② 父母の協議により共同親権が選択される場合、合意に暴力や強制等の瑕疵がなくそれが真意によるものであり、かつ、離婚又は非婚の場合でも父母が子の利益のために協力して子の養育を担っていく希望を有しているケースは共同親権に相応しいといえるでしょう。

③ 他方、家庭裁判所が離婚時、離婚後又は非婚において判決又は審判で共同親権を選択するのは、「子の利益のため」に必要がある場合に限られるため（改正後819条7項）、共同親権が選択されるに相応しいとされるのは、例えば「一方親が子育てに無関心な場合」や「同居親が親権行使に支障をきたすほどの精神疾患がある場合」などの例外的な場合が考えられます。

A 　**1 共同親権が選択される場合について**

　　離婚時、離婚後又は非婚において、共同親権が選択される場合としては、父母の協議で定める場合（協議離婚の場合につき改正後819条1項、子の出生前に父母が離婚の場合につき同819条3項、認知の場合につき同819条4項）、前記各場合において父母の協議が調わないとき又は協議をすることができないときに父又は母の請求により家庭裁判所が協議に代わる審判で共同親権を定める場合（改正後819条5項）、裁判上の離婚で裁判所が共同親権を定める場合（改正後819条2項）及び親権者変更の場合（改正後819条6項）があります。

2　共同親権が選択されるに相応しい場合について

(1)　父母が協議で共同親権を選択する場合

　そもそも、今般、共同親権制度が選択できる制度導入に至った背景には、「父母の離婚後の子の養育の在り方は、子の生活の安定や心身の成長に直結する問題であり、父母の離婚に直面する子の利益を確保するためには、父母が離婚後も適切な形で子の養育に関わり、その責任を果たすことが重要」（北村治樹・廣瀬智彦「民法等の一部を改正する法律（家族法制の見直し）の概要」家庭の法と裁判51号4頁）だという価値観が前提とされています。このことは、法制審議会家族法制部会（以下「部会」といいます。）においても、「離婚をした後であっても、離婚によって夫婦は他人になるけれども、親子というのは、こどもにとっては親としては変わらないのですから、共同でやれるなら共同でこどもに責任を負う。しかしながら、婚姻中とは違って、かなりいろいろな葛藤があったり対立があったり、いろいろなことが予想されるにしても、そのときに理想としては、父母が本当に話し合って協力して、こどものための責任を共に果たせたら一番いいのだろうという理想」（部会31議事録12頁［棚村政行委員］）があり、「乳児期から青年期までのどの年齢のこどもであっても、両親が虐待せずに適切に養育を行ってきた場合には、こどもからすれば、その親はやはりこどもにとっての愛着対象となっています。そういうケースが非常に多くあるということは既に事実だと思うので、別居、離婚の前後でもその親と会えること、ペアレンティングに関わってもらえるということは、こどもの健やかな発達にとっても必要であることは一致した見解」（部会31議事録13頁［菅原ますみ委員］）であるとの指摘にもみられます。また、小泉龍司法務大臣も「本改正案は、父母が離婚後も適切な形で子の養育に関わり、その責任を果たすことが子の利益の観点から重要であるとの理念に基づくもの」と述べています（小泉龍司法務大臣・第213回国会参議院本会議第13号答弁（令和6年4月19日））。

そうだとすれば、父母が上記のような価値観を共有して、子の利益のために離婚時、離婚後又は非婚の場合に共同親権を選択し、かつ、その選択の合意が暴力や強制等によらず真意によるものである場合が、共同親権が選択されるに相応しい場合といえるでしょう。

(2) 家庭裁判所が判決又は審判により共同親権を選択する場合

他方、家庭裁判所が判決又は審判により共同親権を選択する場合とは、そもそも父母の協議が調わない、または、父母の協議ができないというように、父母間に高葛藤がある事案が想定されます。そのような場合に、どのようなケースが共同親権とするに相応しいのかについて、部会では、「共同親権が望ましい場合と単独親権の方がよい場合の基準や運用について十分な議論ができなかった」状況のようです（棚村政行委員発言https://www3.nhk.or.jp/news/html/20240130/k10014340561000.html）。

ただ、今回の改正法において、裁判所は、共同親権とするか、または単独親権とするかの判断にあたっては、「子の利益のため、父母と子との関係、父と母との関係その他一切の事情を考慮しなければなら」ず（改正後819条7項本文）、「父又は母が子の心身に害悪を及ぼすおそれがあると認められるとき」、「父母の一方が他の一方から身体に対する暴力その他の心身に有害な影響を及ぼす言動（中略）を受けるおそれの有無、（中略）協議が調わない理由その他の事情を考慮して、父母が共同して親権を行うことが困難であると認められるとき」「その他の父母の双方を親権者と定めることにより子の利益を害すると認められるとき」は、単独親権と定めなければならない（改正後819条7項）とされました。また、親権者変更の場面では、「家庭裁判所は、父母の協議により定められた親権者を変更することが子の利益のため必要であるか否かを判断するに当たっては、当該協議の経過、その後の事情の変更その他の事情を考慮するものとする。この場合において、当該協議の経過を考慮するに当たっては、父母の一方から他の一方への暴力等の有無、家事事件手続法による調停の有無又は裁判外紛争解決手続（裁判外紛争解決手続の利用の促進に関する法律（平成16年

法律第151号）第1条に規定する裁判外紛争解決手続をいう。）の利用の有無、協議の結果についての公正証書の作成の有無その他の事情をも勘案するものとする。」（改正後819条8項）とされています。

　そうだとすれば、上記のような必ず単独親権としなければならない場合に該当せず、共同親権の方が「子の利益のため」（改正後819条7項、8項）になる場合が、共同親権を選択するに相応しい場合といえるでしょう。

　ちなみに、部会では、そのような場合として、「一方の親が、離婚後養育費は支払うけれども監護教育あるいは財産管理に関わることに無関心な場合」（部会27議事録40頁［小粥太郎委員］）や「同居親が親権行使に支障をきたすほどの精神疾患がある場合」（部会28議事録4頁［佐野みゆき幹事］）があるのではないかと議論されました。

　また、参議院における審議の過程においては、「父母間の感情と親子関係とを切り分けることができる父母のケース」や、「支援団体等を活用して子の養育について協力することを受け入れることができるケース」（竹内努法務省民事局長・第213回国会参議院法務委員会第12号答弁127（令和6年5月16日））のほか、「一般論として、父母の間に感情的対立があったとしても、相互の人格を尊重し、子の利益のため、共同して親権を行使するために最低限のやり取りをすることが可能なケースなどでは、裁判所が父母の双方を親権者と定めることがあり得る。」（小泉龍司法務大臣・第213回国会参議院本会議第13号答弁（令和6年4月19日））という答弁等がなされています。

　しかしながら、裁判所が共同親権と決定するケースとしてどのような場合が相応しいかについては、様々な意見があるところであり、現時点で結論を即断することは相当ではありません。今後、改正法施行後の家庭裁判所の運用等を注視していくべきでしょう。

（小西　麻美）

第1編 令和6年改正

Q12 離婚後共同親権には根強い反対論があります。反対論は、どのような事態を懸念しているのでしょうか、教えてください。

ポイント

① 当事者である父母が離婚後共同親権に合意しないのに、裁判所が離婚後共同親権を強制する場合がある改正法の非合意強制型離婚後共同親権には、法制審議会家族法制部会における審議、同部会による中間試案に対するパブリックコメント又は国会における法案審議の過程等において根強い反対論がありました。

② 非合意強制型離婚後共同親権に対する反対論者は、離婚後共同親権が強制されることによって子に関する適時の判断ができない、DV・虐待事案を完全に除外する方法が講じられていない、改正後819条7項は、共同親権を強制した方が子どもの利益になる場合を全く規定していない等、下記1記載のような様々な弊害が生じると批判しています。

1 非合意強制型離婚後共同親権に対する反対論からの懸念事項について

今回の改正法に対して、非合意強制型離婚後共同親権(非合意強制型離婚後共同親権に対する反対論の詳細については、**Q13**を参照してください。)は妥当でないと批判する見解があります(以下これらの見解を総称して「反対論」といいます。)。全会一致の答申を慣例とする法制審議会家族法制部会(以下「部会」といいます。)においても、「家族法制の見直しに関する要綱案」について、委員21名のうち議長を含む2名棄権、3名反対、その他賛成という異例の多数決にて成立した経緯がありました。

反対論からは、非合意強制型離婚後共同親権には、主として次のような懸念事項があると指摘されています。

(1) 「急迫の場合」や「日常行為」の要件が不明確であるほか子に関する重要事項を適時に決定できないおそれがあり子に不利益が生じること

　父母の一方が共同親権に合意しない場合とは、現に父母に協力関係がなく話し合いができない関係にもかかわらず、こうした父母に共同親権を命じれば、子どもの医療や教育の決定が停滞し、子どもから適時の決定を受ける権利を奪う点が反対論から批判されています。これに対して、法務省は、改正後824条の2第1項3号、同第2項により、共同親権下でも急迫の場合や日常行為は父母それぞれが単独親権を行使可能なので適時の決定ができると説明するところ、そもそも急迫の場合や日常行為の要件が不明確なうえ、当該条文によれば、学校のプールや修学旅行、病院でのワクチン接種や手術の予約などの決定をいつでも他方の父母がキャンセルできる結果、いつまでも最終決定できない状態が生まれ、学校や病院は、父母どちらの要求を拒否しても損害賠償を請求される危険が生じ得るため、学校や病院がトラブル回避のために日常行為についても一律に父母双方のサインを要求するようになる可能性も指摘されています。この問題は、急迫の場合や日常行為の決定につき優先する側を指定しない限り解決不可能なのに、法務省は、その問題は婚姻中の父母について現行法の下でも生じ得るとしか答弁せず、解決手段を回答していません。子どもをめぐる決定への困難が離婚原因となっている人もいるのに、離婚をしてもなお同じ問題が継続したり、より悪化するような制度は言語道断だと反対論は批判します。

　また、反対論は、法務省は、改正後817条の12第2項に、父母の互いの人格尊重義務が規定されているから、適時の決定を邪魔する共同親権の行使はできず、同義務違反がある場合は親権者変更の申立てが救済策になると主張しているところ、その場合、誰が、どうやって、どの程度の時間で是正可能なのか説明がなく、その是正には弁護士に依頼するなど経済的コストがかかることは大きな負担で非現実的な想定だと批判しています（木村草太参考人・第213回国会参議院法務委員会発言（令和6年5月7日）。

⑵　DV・虐待事案を完全に除外する方策が講じられていないこと

改正後819条7項2号は、「父母の一方が他の一方から身体に対する暴力その他の心身に有害な影響を及ぼす言動（中略）を受けるおそれ」があり「父母が共同して親権を行うことが困難であると認められるとき」は単独親権としなければならないとして、将来のDV、虐待のおそれがある場合を除外するのみで、「過去にDV、虐待があったことが明白で、被害者がその事実に恐怖を感じ、あるいは許せないという気持ちで共同親権に合意しない場合でも、もう止まった、反省していると認定されれば共同親権になり得る内容」であり、被害者が自分の意思で共同親権を拒否できないことを反対論は批判しています。また、DV・虐待は、家庭内のことで証拠の確保が困難であることや精神的DV等では客観的証拠を取得しづらいことから立証が困難であること、当人が多大な苦痛を感じていても第三者の理解を得られにくいこと、将来の予測認定については裁判官の裁量の余地が広いことなどから、DV、虐待の認定そのものが困難であるという深刻な問題も指摘されています（前掲木村草太参考人発言、木村草太「非婚・離婚後の共同親権と子の利益」現代思想2024年4月号57頁）。さらに、協議離婚において早期の離婚を望むDV被害者は、離婚を急ぐあまり加害者の求めに応じて共同親権を選択せざるを得ない状況に追い込まれるリスクもあり、そうすると加害者が子に関する重要事項の決定をするという名目で、被害者や子に関与し続けることが可能になり、被害者や子の心身が危険にさらされ続ける可能性が高い点も懸念されています（令和6年4月10日付福井弁護士会会長声明）。部会では、DV保護法を専門とする委員も、この要綱に反対しています。

⑶　DVや虐待を主張すること自体が相互の人格尊重義務違反として扱われる危険性があることや、DV等被害者やその代理人、支援者への嫌がらせや濫訴への対策がないこと

改正後817条の12第2項に、父母の互いの人格尊重義務が定められていることからすれば、裁判所において親権者を定める手続等の際に、相手方

のDVや虐待を主張すること自体が、相互の人格尊重義務違反として扱われる危険性も否定できないことや、DV被害者やその代理人、支援者への嫌がらせや濫訴への対策がない点も懸念されており（前掲木村草太参考人発言）、実際に、共同親権導入に反対する意見をメディア、SNS等で発信した愛知県弁護士会及び神奈川県弁護士会所属の弁護士に対する業務妨害事件も発生しています（前掲福井弁護士会会長声明）。

(4) 改正後819条7項は、共同親権を強制した方が子の利益になる場合とはどのような場合なのかを全く規定していないこと

反対論は、改正後819条7項は、共同親権を強制した方が子の利益になる場合とはどのような場合なのかを全く規定しないうえ、父母間に「適時適切な決定のための信頼、協力関係がある場合」という文言すらなく、これでは裁判所が法律から指針を得られず、場合によっては、適時の決定が得られなくなるケースで共同親権を命じかねない危険があるから、非合意でも共同親権を強制すべき場合の要件につき明確に規定すべきと批判しています（前掲木村草太参考人発言、前掲現代思想2024年4月号54頁）。

(5) 非合意強制型離婚後共同親権導入による紛争増大のおそれ

また、非合意強制型離婚後共同親権制度の導入後、改正法以前に離婚をしている父母を含めた当該制度の申立てや、改正後824条の2第3項の特定の事項に係る親権の行使に関する紛争が増大するおそれは不可避であると懸念されています（前掲木村草太参考人発言）。

(6) 子を高葛藤の父母の間に置き続ける事案の増加のおそれ

離婚に至る多くの夫婦は高葛藤状態にあり、子に関する事項だけ協力体制を築くことは現実的ではなく、結果的に子にとって重要な事項の意思決定が適時に行えず停滞する上、離婚前と同様に子が父母の紛争下に長期間おかれてしまうことで、子が精神的な負担を抱え続けることになったり、親権行使をめぐる父母間の紛争に子が巻き込まれ続けることで子の利益を害するおそれがあることも指摘されています（部会37議事録15頁［佐野みゆき委員］、前掲福井弁護士会会長声明）。

第1編 令和6年改正

(7) 極めて不十分な家庭裁判所の人的物的体制

　部会や国会の議論でも、現在の家庭裁判所の人的・物的体制では、改正法施行後に増大する紛争処理には耐えられないことが指摘されました。日弁連や各地の弁護士会からは、非合意強制型離婚後共同親権の導入後、離婚後の父母間で子をめぐる紛争が現行法制下におけるよりも増加する可能性が高いことを前提として、現在の家庭裁判所は必ずしもDV・虐待の認定に積極的ではなく、人的・物的なリソースも不足していることから、家庭裁判所の人的・物的体制の大幅な拡充が不可欠との声明が発出されています。

(8) 関係府省庁での検討が不十分

　部会並びに衆参両院において、本改正につき、裁判所や関係府省庁等に対して法制度・環境整備の連携等を求める内容の附帯決議がそれぞれなされ、改正法附則も定められたことからもわかるように、部会、国会における議論の過程では、本改正にあたり必要な具体的な関連法や支援制度の整備等につき関係府省庁における連携がなく、果たして今後2年内にそれが実現できるのかが賛成論からも反対論からも大きな懸念として示されています。

(9) 憲法24条1項に反する疑いや、そもそも立法事実がないこと

　憲法24条1項は、「婚姻」の効果発生に「両性の合意」を要求しており、共同親権は、伝統的に婚姻の効果とされていることに加え、政府は、同性婚訴訟において、憲法24条1項にいう婚姻とは共同で子育てをする関係と主張した点からすれば、子の共同親権を婚姻の中核的効果と考えていることは明らかであり、これを前提にすると、合意なく共同の子育てを強制することは憲法24条の理念に反し同条に反する疑いもあると懸念されています（前掲現代思想2024年4月号55頁、前掲木村草太参考人発言）。また、離婚後も協力関係にある父母において、共同で子の監護することは現行法でも可能であり、今回の改正法には「この法律を作れば、この問題をこう解決できる」という立法事実がないと批判されています（令和5年11月

21日付札幌弁護士会意見書、前掲木村草太現代思想2024年4月号57頁）。

2　前述のとおり、反対論からは、非合意強制型離婚後共同親権には様々な懸念や弊害等があると指摘されている点を踏まえ、実務家としては、今後、衆議院及び参議院の附帯決議や改正法附則記載の本改正に関する法整備、裁判所を含む各省庁の横断的な制度・環境整備や行政・国民等への周知、制度の運用、父母や子への支援の在り方等につき動向を注視していく必要があるでしょう。

（小西　麻美）

第**1**編　令和6年改正

Q13

　離婚後共同親権に対する反対論の中には、改正法は、当事者が離婚後共同親権に合意しないのに、裁判所が離婚後共同親権を強制する場合がある、という批判があります。それは、改正法のどのような点を捉えて、どのような懸念を示しているのでしょうか。仮にこのような反対論が懸念する事態が生じるとして、それはどのような場合が考えられるでしょうか。

ポイント

① 　離婚の際、当事者間で親権者につき協議が調わない場合に家庭裁判所が協議に代わる審判で親権者を定めるとされています。その場合、当事者の合意がなくても、父母双方が親権者に指定されることがあり得ます。

② 　改正法を批判する論者は、当事者の合意がないのに離婚後共同親権が強制されることによって、子に関する適時の判断ができない等、様々な弊害が生じると批判しています。

③ 　もっとも、家庭裁判所が離婚後共同親権を選択するのは、「子の利益のため」に必要がある場合に限られますから、例えば「同居親が子育てに無関心な場合」や「同居親が親権行使に支障をきたすほどの精神疾患がある場合」のような例外的な場合に限られるようです。

A

1　いわゆる非合意・強制型共同親権について

　今回の改正に反対する立場の中に、改正民法は、離婚する当事者が離婚後共同親権に合意していない場合であっても、これを強制される場合があり、妥当でないと批判する見解があります（以下、この立場を「反対論」といいます。）。この反対論の論者は、改正民法の立場を「非合意・強制型共同親権」と呼んでいます（木村草太「非婚・離婚後の共同親権と子の利益」現代思想2024年4月号53頁）。

　では、反対論の論者は、改正法のどの規律を指して、「非合意・強制型共同親権」と呼んでいるのでしょうか。**Q7**で触れたとおり、改正法では、

第1章　親権その他親子関係に関する基本的な規律の見直し
4　父母双方が親権者となる場合とその問題点

協議離婚の際に父母の一方又は双方を親権者と定めることができますが（改正後819条1項）、その協議が調わないときは家庭裁判所が協議に代わる審判で定めることができるとされています（819条5項。この条項自体は現行法にあり、改正されていません）。また、協議離婚のほかに改正民法では、裁判離婚の際にも家庭裁判所が父母の一方又は双方を親権者と定めることができるとされています（改正後819条2項）。このような条文の文言からは、協議離婚・裁判離婚を問わず、父母の一方が離婚後共同親権に反対しているのに、家庭裁判所が父母の双方を親権者と定めることはあり得ることになります。

　実際、小泉法務大臣も、「法制審議会の議論の過程では、裁判所が父母双方を親権者と定める要件に関し、その旨の父母の合意がある場合に限定すべきとの意見もございました。しかし、父母の協議が調わない理由には様々なものが考えられます。したがって、合意がないことのみをもって直ちに父母双方を親権者とすることを一律に許さないのは、かえって子の利益に反する結果となりかねない。そのため、本改正案では、裁判所は、父母の協議が調わない理由等の事情を考慮して、父母が共同して親権を行うことが困難であるかなどの観点を含め、親子の関係、父母の関係その他一切の事情を考慮して実質的、総合的に判断すべきこととしており、そのことが全体として子の利益の確保に資すると考えております。」と述べており（小泉龍司法務大臣・第213回国会衆議院法務委員会答弁（令和6年4月5日））、当事者間で共同親権の合意が成立しない場合にも、共同親権となる可能性があることを示唆しています。

　もっとも、他方で、小泉法務大臣は、「（共同親権についての）合意ができない場合、しかし、自動的に単独親権に行くということではなくて、この法案の仕組みは、一度そこで子供の利益というものを中心に置いて、父母間で、あるいは裁判所も立ち会ってもう一回話し合っていただく。共同親権ということができないのか、共同で共同親権を行使するということが本当にできないのかということを、子供の観点に立っていただいて、父母がですね、考えていただく。そのときに、父母どちらかの合意がなければ

53

もう単独親権ですよというふうに決めてしまいますと、もう話合いも何も
それは起こらないわけです。もうその答えがそこで出てしまう。しかし、
一応裁判所が裁量権を持っていて、そして最終的には裁判所が預かって決
めますよというそのポジションにおいて、父母の葛藤を下げ、子供の立場
に立つことを促し、そこで話合いをしてもらって、それでもなおかつ合意
ができないと、コミュニケーションも取れないということになれば、それ
は共同親権の共同行使が困難な場合でありますから、必ず単独親権にしな
ければならないという結論になっていくわけでございます。したがって、
そのごくまれな、論理的にそういうケースがあり得るというごくまれな
ケースにおいて、最初は困難だったんだけれども、話し合うことによって、
その嫌悪感は変わらないにしても、行動として共同親権の共同行使ありと
いう道が見付かるならば、それは子供の利益にとってプラスであるという
ことでございます。」とも述べています（小泉龍司法務大臣・第213回国
会衆議院法務委員会答弁（令和6年5月14日））。この答弁からすると、共
同親権について父母間で合意ができないときは、単独親権になることが多
く、共同親権になるのは例外的な場合だとも考えられそうです。

2　反対論の懸念事項

　反対論の論者は、改正後819条7項にも注目しているようです。すなわ
ち、改正後819条7項は、裁判所が親権者を判断する際、子の利益のため、
父母と子との関係、父と母との関係その他一切の事情を考慮しなければな
らないと定めていますが、このような定め方では、「共同親権を強制した
方が子どもの利益になる場合とは、どのような場合なのか」明らかでない
と批判しています。

　また、反対論の論者は、婚姻は両性の合意に基づいて成立するもので、
非合意で強制されるものではないが、何らかの理由で信頼や協力関係が失
われた父母の離婚後に、双方を親権者として、婚姻中に行われる親権の共
同行使を「強制」することは相当でないとしています。すなわち、親権者

について合意ができないということは、すでに父母間に協力関係の認められないことが明らかですから、そのような父母に共同親権が強制されれば、子にとって適時の決定が得られなくなることはもとより、元配偶者による精神的支配の継続等、離婚後共同親権を選択した場合の様々な弊害が生じると批判しています（木村草太参考人・第213回国会参議院法務委員会発言（令和6年5月7日））。なお、離婚後共同親権を選択した場合に生じる弊害の詳細についてはQ12を参照してください。

3　裁判所が父母双方を親権者と指定する場合

　当事者間で合意が成立しないので裁判所が協議に代わる審判等を行う際、共同親権が原則として選択されるわけではなく、子の利益になるかどうかという観点から審理されます。その点については、改正後819条7項が考慮要素を列挙しており、その中に「父と母との関係その他一切の事情を考慮しなければならない。」と定められています。そうだとすれば、先ほど引用した小泉法務大臣の答弁にあるとおり、父母の一方が離婚後共同親権に反対の声を上げているのに、裁判所が共同親権と定めるようなことはあまり考えられないのではないか、とも考えられます。

　仮に父母の一方が反対の声を上げているのに家庭裁判所が父母双方を親権者と指定するのは、前述のとおり「子の利益のため」に必要がある場合です（改正後819条5項）。そこで、法制審議会では、そのような場合として、「同居親が子育てに無関心な場合」（部会27議事録40頁［小粥太郎委員］）や「同居親が親権行使に支障をきたすほどの精神疾患がある場合」（部会28議事録4頁［佐野みゆき幹事］）があるのではないか、と議論されました。

　もちろん、この点については、様々な意見があるところであり、結論を即断することは相当ではありません。離婚に関わる弁護士としては、改正民法にこのような問題点があり得ることを認識しつつ、改正法施行後の家庭裁判所の運用等を注視していくべきではないでしょうか。

（稲村　晃伸）

第**1**編　令和6年改正

Q14　フレンドリー・ペアレント・ルールとは何ですか。今回の改正は、フレンドリー・ペアレント・ルールを取り入れたという見解が一部にあるようですが、そうなのでしょうか、教えてください。

ポイント

① フレンドリー・ペアレント・ルールとは、家族法など日本の法令に明確な規定があるわけではありませんが、諸外国で導入されている立法例を参考に、離婚に際して親権者を決定するにあたり、あるいは、親権者を変更するにあたり、父母間でより相手方と友好な関係を築こうとしている方を子の利益に適うとして考慮要素とする考え方です。アメリカ合衆国カリフォルニア州、ドイツ、イギリスなどで立法例があるとされていますが、オーストラリアではDVの温床になりかねないなどとして制度が廃止されています。

② 離婚により非監護親となった方は、面会交流による他は、子どもと会う機会を十分に確保できないのが現状であり、監護親が非監護親との関係の破綻を理由に子どもと非監護親の面会交流に消極的である場合が多いという問題点があります。フレンドリー・ペアレント・ルールは、こうした問題点について、親権者決定における重要な考慮要素とすることで解決を図るものといえますが、反対する論者も多いです。

③ 改正後817条の12第2項が親の責務等として「父母は、婚姻関係の有無にかかわらず、子に関する権利の行使又は義務の履行に関し、その子の利益のため、互いに人格を尊重し協力しなければならない。」と定めていること、改正後819条7項柱書が「父と母との関係」を親権者判断の考慮要素としていること、同条項1号が裁判所が必ず父母の一方を親権者と定めなければならない場合の例として「父母の一方が子の心身に害悪を及ぼすおそれがあると認められ

> るとき」を挙げていることなどをもって、フレンドリー・ペアレン
> ト・ルールが採用されたとする見解がありますが、政府はこれを肯
> 定していません。むしろ、改正法がフレンドリー・ペアレント・ルー
> ルを重視したものであるとの根拠は見出しがたいです。

1 裁判所が親権者を決定する場合の考慮要素

改正法により協議離婚の場合は、父母の協議により父母双方又は一方を親権者と指定することができるとされ、協議が調わない場合や裁判離婚の場合、裁判所は子の利益の観点から、父母と子との関係、父と母との関係その他一切の事情を考慮して、父母双方（共同親権）又は一方を親権者と指定することになります（改正後819条2項、5項）。ただし、裁判所は、子への虐待のおそれがあるケース、夫婦間のDVのおそれの有無、協議が調わない理由その他の事情を考慮して親権の共同行使が困難なケースや父母双方を親権者とすることでこの利益を害する場合は、単独親権としなければなりません。これは親権者変更の場合も同様です（改正後819条7項、6項）。

改正前民法では、裁判上の離婚の場合に、単独親権者を指定する際、あるいは変更する際に考慮すべき事情などが明記されていなかったため、改正法は、父母の子との関係のみならず、「父母の関係性」も親権者を判断する際の子の利益に関わるものとの考えを明確にしたものといえます。

なお、中間試案では、子を監護すべき者を定めるにあたっての考慮要素として「他の親と子との交流が子の最善の利益となる場合において、監護者となろうとする者の当該交流に対する態度を考慮すること」が例として挙げられ、これを肯定する考え方が後述するフレンドリー・ペアレント・ルールであるといえます。

2 父と母の関係性と子の利益

子と親との関係が子の成長、発達段階に及ぼす影響は大きく、未成熟子

であれ、思春期以降の子であれ、両親の愛情に触れ、また、同性親、異性親との触れ合いを通じた人格の形成が子の成長発達にとって重要であることはいうまでもありません。もっとも、夫婦の離婚により、一般には、親権者となった監護親と子が同居し、別居する非監護親との交流が少なくなり、子が非監護親と触れ合う機会が減り、成長発達に様々な影響を及ぼすことが懸念されてきました。共同親権の導入もその弊害の解決を企図するものであったといえます。また、親の責務等として改正法817条の12第2項で「父母は、婚姻関係の有無にかかわらず、子に関する権利の行使又は義務の履行に関し、その子の利益のため、互いに人格を尊重し協力しなければならない。」と定められているのはその考え方の表れともいえます。

　裁判所が離婚に際しての親権者の指定あるいは離婚後の親権者の変更について判断する際に、父母と子との関係のみならず、「父と母との関係」を考慮要素として挙げられていること、離婚後も父母は親責務として「互いに人格を尊重して協力しなければならない」と定められたことから、改正法も非親権者となる親、非監護者となる親について一定の配慮をしているとみる向きがあります。

　千葉家松戸支判平成28年3月29日判時2309号121頁（以下「松戸支部判決」といいます。）は、妻が夫の了解を得ずに長女を連れだし、約5年10か月間、長女を監護し、その間、長女と夫との面会交流について、6回程度しか応じてこなかったという事案において、夫が緊密な親子関係の継続を重視し、非監護親となった場合の妻と長女の年間100日に及ぶ面会交流の計画を具体的に提示していることを重視して、長女が両親の愛情を受けて健全に成長することを可能とするためには夫を親権者と指定するのが相当であるとしました。

　しかしながら、この判決は、控訴審（東京高判平成29年1月26日判時2325号78頁）で覆され、最高裁も控訴審の判断を支持しました（最判平成29年7月12日判例集未登載）。控訴審は、「父母が裁判上の離婚をするときは、裁判所は、父母の一方を親権者と定めることとされている（民法

819条2項)。この場合には、未成年者の親権者を定めるという事柄の性質と民法766条1項、771条及び819条6項の趣旨に鑑み、当該事案の具体的な事実関係に即して、これまでの子の監護養育状況、子の現状や父母との関係、父母それぞれの監護能力や監護環境、監護に対する意欲、子の意思（家事事件手続法65条、人事訴訟法32条4項参照）その他の子の健全な成育に関する事情を総合的に考慮して、子の利益の観点から父母の一方を親権者に定めるべきものであると解するのが相当である。**父母それぞれにつき、離婚後親権者となった場合に、どの程度の頻度でどのような態様により相手方に子との面会交流を認める意向を有しているかは、親権者を定めるに当たり総合的に考慮すべき事情の一つであるが、父母の離婚後の非監護親との面会交流だけで子の健全な成育や子の利益が確保されるわけではないから、父母の面会交流についての意向だけで親権者を定めることは相当でなく、また、父母の面会交流についての意向が他の諸事情より重要性が高いともいえない。(註：下線部引用者)**」と判断しています。

3　フレンドリー・ペアレント・ルール

　アメリカ合衆国カリフォルニア州、ドイツ、イギリスなど諸外国では、非監護親との面会交流への協力の程度を親権者決定にあたって重視するフレンドリー・ペアレント・ルールが立法されている例があります。もっとも、オーストラリアでは、フレンドリー・ペアレント・ルールを法律で規定していましたが、無理な面会交流によりDVや虐待事件が起こり、法改正によりフレンドリー・ペアレント・ルールの条項が廃止されました。

　わが国では、松戸支部判決が出た際は、フレンドリー・ペアレント・ルールが適用されたとの評価がなされましたが、高裁判決では覆され、フレンドリー・ペアレント・ルールの考え方の根底にある非監護親の子との面会交流についての監護親の協力姿勢は、子の利益の判断の事情の一つではあるものの、他の事情よりも重要性が高いとはいえないとされました。

　今回の家族法改正にあたって、親権者指定あるいは変更の判断の事情と

して「父と母との関係」が挙げられていることをとらえてフレンドリー・ペアレント・ルールが採用されたとする見解がありますが、法制審議会においてもオーストラリアの事例などを踏まえ、フレンドリー・ペアレント・ルールがもたらす弊害を懸念し、反対する議論が多く、改正法がフレンドリー・ペアレント・ルールを採用するものではないとの議論がなされ、また、国会においても竹内努政府参考人（当時法務省大臣官房司法法制部長）や小泉龍司法務大臣（当時）も改正法が直接にフレンドリー・ペアレント・ルールを採用したものでも、そうでないとも明言はしていませんが、親権者決定についての事情の中で他の事情よりも非監護親に対する面会交流についての配慮をすることを重要視するものであるフレンドリー・ペアレント・ルールが改正法により明確に採用されたとはいえないと考えられます。

（遠藤　啓之）

5 離婚届の受理

Q15 今回の改正で離婚後の親権者の定めが変更されたことを受けて、離婚の届出の受理についての規律も改正されていますが、それはどのような規律でしょうか、教えてください。

ポイント
① 旧法下では、離婚の届出は父母の一方を親権者と定めなければ受理されませんでした。
② 改正法下では、親権者が定まっていなくても、親権者指定の審判又は調停の申立てがされていれば、離婚の届出が受理されることになりました。

1 旧法の規律

旧法では、父母が協議上の離婚をするときは、どちらを離婚後の親権者とするかを父母の協議で定めることを予定した上で（改正前819条1項）、協議上の離婚の届出は、父母の一方を親権者と定めなければ受理することができないとされていました（同765条1項）。

この場面における親権者の定めの有無は、親権者と定められる当事者の氏名及びその親権に服する子の氏名が離婚の届書に記載されているかどうかを確認する方法により行われました（改正前戸籍法76条）。

そのため、父母が離婚をすること自体を合意していたとしても、離婚後の親権者についての協議が調わない場合又は協議をすることができない場合には、協議上の離婚をすることができず、この場合には家庭裁判所の手続により離婚後の親権者を定めることが想定されていました（改正前819条2項及び5項　部会資料27・3頁）。

このような規律に対しては、DV等があるなどの理由で早期に離婚をす

ることを父母の一方が望む結果として、離婚後の親権者の定めについて安易に他方からの求めに応じてしまい、親権者の定め方が適正さを欠くことになるのではないかとの懸念も指摘されていました（部会資料30－2・9頁）。

2　改正法の規律

　以上を踏まえ、改正法においては親権者の定めと離婚の受理についての規定が改正され、協議上の離婚の届出は、親権者の定めがされているか、親権者の指定を求める家事審判又は家事調停の申立てがされているかのいずれかに該当する場合は受理されることとなりました（改正後765条1項）。

　そのため、父母が離婚をすること自体を合意していたとしていれば、離婚後の親権者についての協議が調わない場合又は協議をすることができない場合であっても、離婚の届書に、親権者の指定を求める家事審判又は家事調停の申立てがされている旨及び親権を行う子の氏名を記載すれば、離婚の届出は受理されることになります（改正後戸籍法76条参照）。

　この時、離婚の届出が受理された後に親権者の指定を求める家事審判又は家事調停の申立てが取り下げられるということも想定されます。そこで、家事事件手続法も改正され、親権者の指定を求める家事審判及び家事調停は、家庭裁判所の許可を得なければ取り下げることができないものとされました（改正後家事事件手続法169条の2、273条3項）。

（佐藤　正章）

6　親権の共同行使

改正法では、父母が婚姻中だけでなく、離婚後又は非婚においても共同親権が選択されることがありますが、父母が親権を共同で行使するとは、どのような意味でしょうか。また、その際に共同行使の対象となる親権の内容について教えてください。

ポイント

① 改正法は、親の責務等に関する規律の新設や親権の性質の明確化を行いました。その上で、選択的共同親権制を導入しました。
② 親権を共同で行使するとなると、その行使について父母の合意が必要となります。
③ 改正法は、共同行使の対象となる親権の内容を明確には示していませんが、「日常の行為」など親権の単独行使を認める例外規定を定めています。

1　親の責務等に関する規律の新設と親権の性質の明確化

改正法は、婚姻関係や親権の有無にかかわらず、父母が負う責務や権利義務等を明確化するため、民法817条の12を新設し、「父母は、子の心身の健全な発達を図るため、その子の人格を尊重するとともに、その子の年齢及び発達の程度に配慮してその子を養育しなければならず、かつ、その子が自己と同程度の生活を維持することができるよう扶養しなければならない。」「父母は、婚姻関係の有無にかかわらず、子に関する権利の行使又は義務の履行に関し、その子の利益のため、互いに人格を尊重し協力しなければならない。」と規律しました。

そして、親権については、「成年に達しない子について、その子の利益

のために行使しなければならない。」（改正後818条1項）と、その性質を明確化しました。

2 選択的共同親権制の導入

　改正前の民法では、父母が離婚をするときはその「一方」を親権者として定めることを求めていました。これに対し、改正法は「双方又は一方を親権者と定める」（改正後819条1項、2項）とし、単独親権と共同親権の選択制を採用しました。

　そして、協議離婚の場合は、父と母の協議で共同又は単独親権について取り決めます。

　一方、協議が調わない場合は、裁判所が審判や訴訟において、子の利益を考慮して、父母の双方又は一方を親権者と定めることになります。

　改正法は、裁判所は親権者を定める判断をするにあたっては、「子の利益のため、父母と子との関係、父と母との関係その他一切の事情を考慮しなければならない。」としました。そしてこの場合において、「父又は母が子の心身に害悪を及ぼすおそれがあると認められるとき」「父母の一方が他の一方から身体に対する暴力その他の心身に有害な影響を及ぼす言動を受けるおそれの有無、親権者の定めについての協議が調わない理由その他の事情を考慮して、父母が共同して親権を行うことが困難であると認められるとき」「その他の父母の双方を親権者と定めることにより子の利益を害すると認められるとき」は、父母の一方を親権者と定めなければならない、とも定められています（改正後819条7項）。これは、DVや子への虐待のおそれがある事案において共同親権を定めることがないよう配慮されたものといえます。

　なお、親権者変更の手続きにおいては、協議で定めた親権者を変更するに際し、家庭裁判所は「子の利益のために必要であるか否かを判断するにあたっては、当該協議の経過、その後の事情の変更その他の事情を考慮するものとする。」（改正後819条8項）と定めました。これも、協議離婚の

際に暴力等を原因とする不適切な合意が形成された場合を見越しての規定であるといえます。

3 親権の共同行使とその内容とは

(1) 親権の共同行使

これまでも「親権は、婚姻中は、父母が共同して行う。」とされていました。今後は、婚姻中のみならず離婚後や非婚においても、父母が共同で親権を行うことがみられるようになります。

親権を共同で行使する、ということは、父母の合意（意見の一致）が必要になりますので、第三者との関係（例：進学先の選択、重大な医療行為）では、父母両名の署名や押印を求められることも想定されます。

前記のとおり、結婚しているか否か、離婚しているか否かを問わず、共同親権を選択する場合があり得ますので、父母の居住地が遠方である場合や、連絡が取れない場合、意見の対立が激しい場合、DV等が原因で対等に話ができない場合等様々な問題が考えられます。

こうした父母が対立した場合の対応策等については、後の設問をご覧ください。

(2) 共同行使すべき行為の具体例

改正前の民法では、親権を共同行使する場合の行為、単独行使できる場合の行為について明文はありませんでした。これに対し改正法は、親権を共同行使すべき場合と単独で行使できる場合について明文化しました（改正後824条の2）。もっとも、改正法は、単独で行使できる場面については具体的に明記したものの、共同で行使すべき場合については明記していません。

法制審議会では、必ず共同で親権を行使しなければならない行為については、その中心的なイメージが共有されているため、必要最低限の部分について具体例として条文を列挙する方法があり得るとの指摘や、何を共同ですべきか明示すべきとの主張もあったようですが、最終的には明示して

列挙する方法には至りませんでした。ただし、改正法附則18条は、「日常の行為」等について政府に対し、国民への周知を求めています。具体的には、ガイドラインの作成を含めた改正法施行に向けた準備のための連絡会議を設置し、そこで検討が進められています。

ところで、単独で親権を行使できる場合として「日常の行為」（改正後824条の2第2項）が規定されていますので、『「日常の行為」以外の行為』が共同で親権を行使すべき場合と考えられます。

この点、新聞報道等によりますと、「日常の行為」（改正後824条の2第2項）以外の行為として、居所の指定や転居、進学先の選択、重大な医療行為、長期の勤務を前提とする就職の許可などが挙げられています。もっとも、これらの行為であっても、改正後824条の2が定める単独行使規定に該当すれば、共同で親権を行使しなくても（単独でも）良いことになります。

前記のとおり、現在改正法施行に向けた準備のための連絡会議が設置され、国民への周知に向けた作業が始まっていますので、現時点ではその進展を待ちたいと思います。

（嶋本　雅史）

第1章 親権その他親子関係に関する基本的な規律の見直し
6 親権の共同行使

父母双方が親権者となる場合でも、父又は母の一方が親権を行使できる場合があるでしょうか、具体的に教えてください。

ポイント

① 他の一方が親権を行うことができないとき、子の利益のために急迫の事情があるときは親権を単独で行使し得るとされています。
② 子の身の回りの世話や教育に関する日常の行為についても、親権の行使を単独ですることができます。
③ 監護者指定を受けた場合、その監護者たる親権者は、単独で、子の監護及び教育、居所の指定及び変更並びに営業の許可、その許可の取消し及びその制限をすることができます。

1 改正後824条の2について

改正後824条の2第1項は、「親権は、父母が共同して行う。」と定めています。

その一方で、「ただし、次に掲げるときは、その一方が行う。」と定めました。次に掲げるときとして、①その一方のみが親権者であるとき、②他の一方が親権を行うことができないとき、③子の利益のために急迫の事情があるとき、の3項目を示しました。

また、同第2項は、「父母は、その双方が親権者であるときであっても、前項本文の規定にかかわらず、監護及び教育に関する日常の行為に係る親権の行使を単独ですることができる。」と定めました。

つまり、第1項ただし書きや第2項は、父母双方が親権者となる場合でも父又は母の一方が親権を行使できる例外を示したものといえます。以下、具体的に見ていきましょう。

2 「他の一方が親権を行うことができないとき」(改正後824条の2第1項2号)

改正前の民法においても、「父母の一方が親権を行うことができないと

きは他の一方が行う」とされていました（改正前818条3項）。これと改正後824条の2第1項2号は同趣旨であるといわれています。親権の行使ができないことによる不利益を避けるための規定です。

具体例として、他の一方が長期旅行、行方不明、重病、親権喪失・親権停止・親権の辞任等により親権を行使できない場合が想定されます（於保不二雄＝中川淳編「新版注釈民法（25）［改訂版］」（有斐閣、平成16年）33〜34頁）。

3 「子の利益のために急迫の事情があるとき」（改正後824条の2第1項3号）

父母の合意形成が困難であり、適時に親権の行使ができない場合、それがために子の利益を害することが想定されます。そうした事態を回避するべく、「急迫の事情があるとき」は、父又は母の一方が単独で親権を行使できるとしました。子の利益を守るための例外規定といえるでしょう。

具体例として、入学試験の結果発表後の入学手続を一定期間にすべき場合、DVや子への虐待から避難する必要がある場合、緊急に医療行為を受けるために診療契約を締結する必要がある場合などです（部会資料37－2・3頁参照）。

なお、改正法附則18条は、「急迫の事情」についても政府に対し、国民への周知を求めています。そのため、今後「急迫の事情」に関するガイドライン等が示されると思われます。

また、家族法制部会では、DVや子への虐待による急迫の事情については、これらの行為の反復継続性に着目し、加害行為が行われていないときにも急迫の事情を認めることができるよう広く解されるべきであるとの指摘もありました。「急迫の事情」にあたるか否かの議論は、今後の推移を見守る必要がありそうです。

4 「日常の行為」（改正後824条の2第2項）

父母は、その双方が親権者であるときであっても、監護及び教育に関する日常の行為に係る親権の行使を単独ですることができるとされています。

具体的には、食事や服装、習い事の選択、高校生のアルバイトの承認、一般的な薬の投与や一般的なワクチン接種などが想定されています（家庭の法と裁判第51号12頁等）。

5　一方が監護者に指定されている場合（改正後824条の3第1項）

(1)　改正後824条の3について

改正法は、監護者の権利義務について、新設規程を置きました。「第766条（同法第749条、第771条及び第788条において準用する場合を含む。）の規定により定められた子の監護をすべき者は、第820条から第823条までに規定する事項について、親権を行う者と同一の権利義務を有する。」とし、「この場合において、子の監護をすべき者は、単独で、子の監護及び教育、居所の指定及び変更並びに営業の許可、その許可の取消し及びその制限をすることができる。」と定めました（改正後824条の3第1項）。

そして、監護者指定がされている場合、監護者ではない親権者は、監護者が上記「行為をすることを妨げてはならない」（改正後824条の3第2項）とされました。

(2)　監護者指定について

改正法においても、親権者の定めとは別に、親権のうちの身上監護を行う監護者を定めることができます（改正後766条）。なお、改正法は新たに「監護の分掌」を定めることも認めています。もっとも、監護者指定も監護の分掌の定めも必須のものではなく、特に定めないということも可能です。

(3)　親権を単独で行使し得るとの関係

改正後824条の3第1項により、共同親権であったとしても、父母のどちらかが監護者に指定されている場合は、その監護者たる親権者は、監護者であることを根拠に、単独で、子の監護及び教育、居所の指定及び変更並びに営業の許可、その許可の取消し及びその制限をすることができることになります。この場合も、父母双方が親権者となる場合でも、父又は母の一方が親権を行使できる場合にあたるといえるでしょう。　　　　（嶋本　雅史）

第1編 令和6年改正

Q18　父母双方が親権者であって、特定の事項について意見の対立がある場合、改正法はどのように調整しているのか、教えてください。

ポイント

① 　共同親権の場合においても、どちらかの一方が単独で親権を行使できる場合が規定されており、その場合は意見の対立があっても対応可能です。

② 　改正法は、父母間で意見が対立した場合に、家庭裁判所が当該事項に係る親権の行使を父母の一方が単独ですることができる旨を定めることができる、との手続きを新設しました。

③ 　もっとも、②の手続きについてはこれから制度設計が進むところであり、懸念される点もあります。

A　**1　親権者の一方が単独で親権を行使できる場合**

　　　　前の設問にありましたように、共同親権の場合においてもどちらかの一方が単独で親権を行使できる場合が定められています。特に、「子の利益のために急迫の事情があるとき」（改正後824条の2第1項3号）や「監護及び教育に関する日常の行為」（改正後824条の2第2項）などは、父母間で意見の対立が生じることが十分に考えられますので、その調整の意義を有しているといえます。

　また、同じく前の設問で触れました監護者指定（改正後824条の3第1項）も、父母間の意見の対立の調整の役割を有すると思います。「子の監護及び教育、居所の指定及び変更並びに営業の許可、その許可の取消し及びその制限」などは、父母間の意見の対立が生じることが十分に考えられる内容です。離婚後の対立に備え、監護者指定を受けておく、というのは実効的な手段になるかもしれません。

2 特定の事項に関する単独行使の定め

(1) 改正後824条の2第3項について

共同親権の場合において、父母間で意見が対立した場合で、上記のような単独行使できる場合にあたらないときは、親権行使がいつまでもできないことになりかねません。その不利益は子に生じますので、それを回避する手段が求められます。

改正法は、特定の事項に係る親権の行使（改正後824条1項や2項で単独行使できるものを除く）について、「父母の協議が調わない場合であって、子の利益のため必要があると認めるときは、家庭裁判所は、父又は母の請求により、当該事項に係る親権の行使を父母の一方が単独ですることができる旨を定めることができる。」としました。

当該規律における「特定の事項」に該当し得るものは重要な事項（日常の行為以外の事項）に係る身上監護又は財産管理や身分行為に限られることとなり、具体的には、居所の指定又は変更の場合や、親権者が子を代理して高校との間での在学契約を締結する場合等が想定されているようです（部会資料35－2・8頁）。

(2) 具体的な手続きについて

家族法制の見直しに関する要綱案には、改正後824条の2第3項の裁判に関する手続を整備するにあたっては、家事事件手続法を改正して、国際裁判管轄（同法3条の8参照）、管轄（同法167条参照）、手続行為能力（同法168条参照）、陳述の聴取（同法169条参照）、引渡命令等（同法171条参照）、即時抗告（同法172条参照）、保全処分（同法172条参照）に関する規定を、また、人事訴訟法を改正して、裁判所が、申立てにより、婚姻の取消し又は離婚の訴えに係る請求を認容する判決において、特定の事項に係る親権の行使（婚姻の取消し又は離婚に伴って親権を行う必要がある事項に係るものに限る。）について、単独で親権を行使する者を指定する旨の附帯処分（同法32条参照）をすることができるものとし、この手続についての規律を整備するものとする、とあります。そのため、今後今回の改正法施行までに各整備が進むものと思われます。

⑶ 部会で懸念されていた点

なお、特定の事項に関する親権行使についての父母の意見対立時の調整のための裁判手続においては、子の養育方針については様々な価値観があり得ることから、特定の事項に係る親権の行使をする父母の一方をどのような観点から判断するかに関し、裁判所が父母の価値判断の優劣を判断することは相当ではないとの指摘がありました。そこで、この点については、いかなる観点から判断すべきであるかは当該事項の内容・性質や事案の特性に応じて異なるものの、できる限り客観的な観点（例えば、それぞれ父母がその同居中から当該事項に関して子とどの程度、どのように関わってきたかなど）から、父母のいずれが当該事項について子の利益に適う形で親権を行使し得るかを判断するなど、父母の価値判断の内容それ自体の優劣を判断するのではない判断手法も考えられる、とされています。そして、その際には子の意思等を考慮する必要があることも指摘されています（部会資料35－2・6頁）。

また、個別具体的な事案において「特定の事項」をどの程度の具体性・個別性をもって特定すべきであるかについては、各事案における父母の意見対立の内容を踏まえて判断することが考えられますが、例えば、ある高校との間での在学契約の締結の可否のみが紛争の対象となっている事案では、「高校との在学契約の締結」というように個別的な行為を基準にその対象を選択することが考えられるほか、子が進学に伴って自宅から離れて居住することも含めて紛争の対象となっている事案では、居所の指定等の付随する事項と併せ、「高校進学に関する事項」、あるいは、「高校との在学契約の締結及びこれに付随する事項」といった形で対象を特定することもできるのではないかとの指摘もあり得る、とされています。なお、「教育に関する事項」といった抽象度の高い事項については、監護の分掌が想定する役割分担の対象とすることが考えられる、とも指摘されています（部会資料35－2・8頁）。

⑷ その他

改正後824条の2第3項の手続きでは、「子の利益のため必要があると認めるとき」という要件が定められていますが、この内容も不明確です。判断要素や基準が示されるかどうかも、今後の注目点だと思います。　　（嶋本 雅史）

第**1**章　親権その他親子関係に関する基本的な規律の見直し
7　親権と監護権の関係

7　親権と監護権の関係

Q19　改正法では、離婚の際に「子の監護をすべき者」だけでなく「子の監護の分掌」を父母の協議で決めることができるとされました（改正後766条1項）。監護の分掌の具体例を教えてください。また、このような定めをしたとき、どのようなことが起こるのでしょうか、教えてください。

ポイント

①　改正法においては、協議離婚に際して、子の監護の分掌についても父母の協議で決めることができることとされました。

②　子の監護の分掌の定めは、父母で監護の役割分担をする場合に設けられることが想定され、具体的には、期間についての分掌の定めや、監護に関する事項の一部についての分掌の定めが想定されています。

③　子の監護に関して家庭裁判所に審判を申し立てる場合は、個別具体的な事案に即して最も適切な類型の手続きを選択していくことが求められます。

A

1　改正法下における親権と監護者の定めとの関係

　　　　まず、身上監護に関する親権行使の規定と監護者を定めることによる効果について説明します。

　離婚後の父母双方が親権者と定められた場合には、監護者の定めの有無にかかわらず、監護及び教育に関する日常の行為については父母の一方が単独で（他方の同意等を得ることなく）行うことができます（改正後824条の2第2項）。また、日常的な行為以外の親権行使についても、子の利益のための急迫の事情があれば、その一方が単独で（他方の同意等を得るこ

73

となく）行うことができます（同824条の2第1項3号）。

　監護者の定めがされた場合には、監護及び教育に関する重要な事項（日常的な行為以外の行為）について、急迫の事情がない場合であっても、単独で（他方の同意等を得ることなく）行うことができることになります（同824条の3第1項後段）。また、監護者でない親権者が監護者の身上監護を妨げてはならないものとされていること（同824条の3第2項）の結果として、身上監護に関する事項（日常的な行為を含む）について父母間の意見対立が生じた際には、監護者の意見が優先することになります（部会資料34－1・14頁以下）。

2　監護の分掌の規律

　そして、改正法では、離婚の際に「子の監護をすべき者」だけでなく「子の監護の分掌」を父母の協議で決めることができるとされました（改正後766条1項）。監護の分掌に関する立法過程においては、父母の離婚時に子の養育に関する事項を取り決めることは子の利益にとって望ましく、養育計画の作成の促進は重要な課題であり、離婚時に父母が協議により養育計画を作成できることを明らかにするため、監護の分掌を追加していると説明されています（小泉龍司国務大臣（当時）・第213回衆議院本会議（令和6年3月14日））。

　具体的には、子の監護を担当する期間を父と母で分担したり、監護に関する事項の一部（例えば、教育に関する事項）を切り取ってそれを父母の一方に委ねたりといった定め方があり得るとされています（部会資料35－2の9頁、小泉龍司国務大臣（当時）・第213回衆議院本会議（令和6年4月19日））。

3　期間の分掌

　期間の分掌については、例えば、週のうち母親が監護する時間と父親が監護する時間を分けること等が想定されます（部会32議事録27頁［武田］

参照）。

4 監護に関する事項の一部の分掌と審判申立時の類型の選択

⑴ 監護に関する事項の一部の分掌

監護の分掌の定めができることになったことにより、具体的に離婚後の子の養育について、各家族がある程度自由にカスタマイズできることとなり、選択肢が広がりました。

例えば、子の進学決定は双方で行うが、塾や課外活動は同居親が決める、又は手術等の医療に関しては双方で決定するが、最終的にはどちらが決定権を持つかということを決めることができるとされます。

そして、両親がこのような取り決めを行うことは、離婚後も自分のために環境を整えてくれるという子供の信頼感につながり、両親との関係性を維持し続ける上で、子どもの利益にかなうものになるとされます（山口亮子参考人・第213回国会法務委員会（令和6年4月3日））。

⑵ 審判申立時の類型の選択〜具体例1：高校進学

監護者の定めや監護の分掌の定めの対象はあくまでも身上監護に属する事項であり、財産管理や法定代理権の行使に関する権利義務の変動を目的とするものではないと考えられています（改正後766条4項参照）。

そのため、父母双方が親権者である場合において、例えば高校進学に関して監護者指定の審判や監護の分掌の審判がされたとしても、父母の一方が（他方の意思に反して）単独で子を代理して高校と契約することは原則としてできず（同824条の2第1項）、父母の一方がこれを単独ですることを審判で求めるのであれば、特定事項についての親権行使者の指定の審判の申立てをすべきということになります（同824条の2第3項）。

その一方で、財産管理や法定代理を含まない身上監護に関する事項についての抽象的な役割分担（例えば、「教育に関する事項」といった抽象度の高い事項の役割分担）については、特定事項についての親権行使者の指定ではなく、監護の分掌によって定めることが適切であると整理すること

ができます（部会資料35－2・9頁）。

(3)　審判申立時の類型の選択〜具定例２：同居

　父母双方が親権者である場合（父母の婚姻中を含む。）において、父母が別居する際に、どちらの親が子と同居するかについて意見対立があり、父母の一方が子と同居することを求める審判を家庭裁判所に申し立てる場合、①居所指定権についての親権行使者の指定を求める申立てをすること（改正後824条の２第３項）、②自らを「子の監護をすべき者」とすることを求める申立てをすること（同766条１項）、③子の監護を担当する期間等を父と母で分担する定めを求める申立てをすること（同条同項）ができます。

　最終的には個別具体的な事案に即した運用がされるべきことになりますが、例えば、「どちらの親が子と同居するか」のみが紛争の対象となっており、その他の身上監護に関する重要な事項については紛争化していないケースでは①の申立てをすることが相当と考えられ、他方で、居所指定だけでなく、様々な身上監護に関する重要な事項について父母の意見が対立しているなどにより、監護者を定めなければその身上監護に支障が生じるようなケースでは②の申立てをすることが相当と考えられ、また、父母が分担監護をすることが可能な関係であり当事者がそのような解決を望んでいるケースは③の申立てをすることが相当と考えられます。

　このように、子の監護に関して家庭裁判所に審判を申し立てる際は、個別具体的な事案に即して最も適切な類型の手続きを選択することが求められ、申立人の申立てが事案の内容に即して適切でないと判断される場合には、家庭裁判所からの手続教示等により、申立人がその申立てを変更するなどして柔軟に解決することも考えられます（以上、部会資料35－2・10頁参照）。

（佐藤　正章）

8 親権者の変更

 改正法は、親権者の変更についてどのように規律していますか、教えてください。

ポイント

① 家庭裁判所は、子又は子の親族からの請求により、「子の利益」のために必要であると認められるときに、親権者を変更することができるとされました。
② 改正法により、子の親族だけではなく子も親権者変更の請求権者とされました。
③ 改正法においては、父母の協議により定められた親権者を変更する場合は、当該協議の経過、その後の事情の変更等を考慮すべきことが定められ、「当該協議の経過」を考慮するにあたっては、父母の一方から他の一方への暴力等の有無、父母間における調停や裁判外紛争解決手続の利用の有無、協議の結果についての公正証書の作成の有無その他の事情を勘案するものとする、と定められています。

A

1 親権者変更についての改正法の規定

(1) 改正法では、「子の利益のため必要があると認めるときは、家庭裁判所は、子又はその親族の請求によって、親権者を変更することができる。」(改正後819条6項)と定めています。改正前民法は、親権者変更の請求権者を「子の親族」のみと規定していたのに対し、改正法は「子」自身を請求権者に追加しています。また、改正前民法は、親権者を「他の一方に」変更することができるとされていましたが、改正法では、「他の一方に」という制限を削除しています。つまり、家庭裁判所は、請求権者による請求がありかつ子の利益のために必要と認められるときは、親権

者を、父母の一方から他の一方へ変更するだけでなく、父母の一方から双方へ、双方から一方へ変更することができます。

　(2)　次に、改正後819条7項は、裁判所が、親権者変更の裁判を行う際、父母の双方を親権者と定めるか、あるいは、父母の一方を親権者と定めるかを判断するにあたり「子の利益のため、父母と子の関係、父と母との関係その他一切の事情を考慮しなければならない。」と定めています（改正後819条7項は、裁判上の離婚の場合の親権者指定の規定と共通の規定で、裁判上の離婚における親権者指定と判断基準は同一です。）。

　(3)　その上で、次の①又は②のいずれかの場合に、父母の双方を親権者と定めることにより子の利益を害すると認められるときは、裁判所は、父母の一方を親権者と定めなければならない、とされています。

　①　父又は母が子の心身に害悪を及ぼすおそれがあると認められるとき（改正後819条7項1号）

　②　父母の一方が他の一方から身体に対する暴力その他の心身に有害な影響を及ぼす言動を受けるおそれの有無や、父母間において協議が調わない理由その他の事情を考慮して、父母が共同して親権を行うことが困難であると認められるとき（改正後819条7項2号）

2　協議により定められた親権者を変更する場合の考慮要素

　(1)　さらに、改正後819条8項は、裁判所が、父母の協議により定められた親権者を変更する場合の、親権者変更の要件である「子の利益のために必要」（改正後819条6項）であるか否かの考慮要素について、①当該協議の経過、②その後の事情の変更、③その他の事情を考慮するものとする、と定めています。

　(2)　その上で、①当該協議の経過を考慮するにあたり、父母の一方から他の一方への暴力等（「暴力等」は身体に対する暴力のみならず、その他心身に有害な影響を及ぼす言動（改正後817条7項2号））の有無、父母間における調停や裁判外紛争解決手続（裁判外紛争解決手続の利用の促進に関する

法律（平成16年法律第151号）第1条に規定する裁判外紛争解決手続）の利用の有無、協議の結果についての公正証書の作成の有無その他の事情を勘案するものとする、と定めています。すなわち、協議離婚の際、親権者の定めにつき、外形的には父母間の合意がある場合であっても、暴力等一方から他方への圧力などにより合意がなされた場合など合意形成過程が適正とはいえない場合には、家庭裁判所がこれらの事情を考慮し、父母が協議離婚の際に合意により定めた親権者を変更することができるという定めです。

3　とりわけ単独親権から共同親権への親権者変更についての具体的な判断は、改正法施行後の裁判例を待つことになりますが、国会質疑において、例えば一定の収入があるにもかかわらず理由なく長年にわたって養育費の支払いをしてこなかったような別居親が共同親権への変更の申立てをしてきた際に、そのような変更の申立ては認められるのか、との質問に対し、あくまで一般論であるとの前置きはありますが、法務大臣が以下のとおり回答していることが参考になります。

　「DVや虐待の場合のほか、父母が共同して親権を行うことが困難である場合には、親権者を父母双方に変更することはできないことになります。」「親権者変更の判断においては、親権者変更を求める当該父母が養育費の支払いのような子の養育に関する責任をこれまで十分果たしてきたかも重要な考慮要素の一つであると考えられます。したがって、別居親が本来であれば支払うべき養育費の支払いを長期間にわたって合理的な理由もなく怠っていたという事情は、親権者変更が認められない方向に大きく働く事情であると考えられます。」「父母の一方が父母相互の人格尊重義務や協力義務等に違反した場合、親権者の指定、変更の審判や親権喪失、親権停止の審判等において、その違反の内容が考慮される可能性があると考えられます。」「親権者変更の判断においては、父母の一方が子の養育に関する責任をこれまで十分に果たしてきたかや父母相互の人格尊重義務や協力義務を遵守してきたかも考慮要素の一つであると考えられます。」（小泉龍司法務大臣・第213回国会参議院法務委員会答弁）（令和6年5月7日）　　　　　　　　　　　（寺澤　春香）

第1編 令和6年改正

Q21 改正法は原則として、公布された令和6年5月24日から起算して2年を超えない範囲内において政令で定める日から施行するとされていますが、改正法施行前の離婚によって非親権者となった者が、改正法施行後に親権者変更の申立てをすることはできるのでしょうか、教えてください。

ポイント
① 改正法施行前の離婚によって非親権者となった者であっても、改正法施行後に、親権者変更の申立てをすることができます。
② 改正法施行後は、改正法施行前の申立てであっても審判確定前であれば、改正法に基づき親権者変更の審理がなされます。

A 1 民法等の一部を改正する法律附則2条には、改正法の規定は、「この附則に特別の定めがある場合を除き、この法律の施行前に生じた事項にも適用する。」と定められ、同附則6条には、施行日前に改正前民法819条6項の規定によりされた親権者変更の請求は、施行日以後は、改正法819条6項の規定によりされた親権者変更の請求とみなす、との定めがあります。

2 そのため、改正法施行前の離婚によって非親権者となった者であっても、改正法施行後に親権者変更の申立てをすることは可能ですし、改正法施行以降は、改正民法に基づき親権者変更の審理がなされることになります。また、施行前の申立てであっても審判確定前であれば、改正民法に基づき親権者変更の審理がなされます。

したがって、改正法施行以前に離婚が成立し単独親権となった父母間において、改正法施行後は（他の一方の単独親権への変更のほか）、共同親権への親権者変更の請求が可能となります。

(寺澤 春香)

9 親権者の指定の審判・調停

Q22 改正法が親権行使者指定の規定（改正後824条の2第3項）を設けたことに対応して、家事事件手続法は、どのように改正されたのでしょうか、教えてください。

ポイント

① 親権行使者指定の調停手続及び審判手続の規定が新設されました。

② 親権行使者指定の調停及び審判手続における申立権者は、子及びその父母とされており、親権行使者指定の審判をする場合、家庭裁判所は、15歳以上の子の陳述を聴かなければならないと規定されています。

③ 親権者指定の審判において、強制執行の保全又は子その他の利害関係人の急迫の危険を防止するために必要があるときは、申立人の申立てにより、仮処分その他の必要な保全処分を命ずることができると規定されています。

④ 改正後人事訴訟法においては、離婚訴訟において、附帯処分として親権行使者指定の裁判を申し立てることができることが規定されました。

1 改正後824条の2第3項において親権行使者の指定の規定が設けられたことに対応し、家事事件手続法は、「親権行使者の指定」の審判を新設し、「親権に関する審判事件」の一つと分類しました（改正後家事事件手続法別表第二　八の二）。すなわち、親権行使者の指定の調停手続も改正後家事事件手続法に基づき行うことができます。

2 その上で、親権行使者の指定の審判及び調停について、親権者指定の

審判と同様の手続規定が新設されました。

　具体的には、改正後家事事件手続法168条8項において、親権行使者指定審判事件の手続行為能力者を「子及びその父母」と定め、制限行為能力者であっても自ら審判手続をすることができるものとされ（改正後家事事件手続法168条8項、118条、252条5項）、改正後家事事件手続法169条2項は、親権行使者の指定の審判をする場合、家庭裁判所は、当事者の陳述を聴くほか、15歳以上の子の陳述を聴かなければならないと規定しています。

　また、改正後家事事件手続法171条は、親権行使者指定の審判において、家庭裁判所は、当事者に対し、子の引渡し又は財産上の給付その他の給付を命ずることができるとされました。さらに、親権行使者の指定の審判及びその申立てを却下する審判に対し、子及びその父母が即時抗告することができると定められています（改正後家事事件手続法172条）。

　改正後家事事件手続法175条においては、申立てがなされた場合に、強制執行を保全し、又は子その他の利害関係人の急迫の危険を防止するために必要があるときは、申立人の申立てにより、親権行使者指定の審判を本案とする仮処分その他の必要な保全処分を命ずることができるとされています。つまり、審判申立てと同時に、子の引渡しの仮処分等の申立てができることが規定されています。

3　また、親権行使者指定については、人事訴訟法も改正され、離婚訴訟（又は婚姻の取消訴訟）において、親権者行使の指定の裁判を附帯処分として申し立てることができ、申立てがなされた場合、裁判所は、認容判決において、親権行使者指定の裁判をしなければならない旨が規定されました（改正後人事訴訟法32条1項）。

　これに伴い、離婚訴訟の管轄権を有する裁判所は親権行使者指定の裁判の管轄権を有すること（改正後人事訴訟法3条の4第1項）、親権行使者指定の裁判において、子が15歳以上であるときは、その子の陳述を聴かな

け れ ば な ら な い こ と も 規 定 さ れ ま し た（改正後人事訴訟法32条4項）。

　離婚訴訟の附帯処分としての親権行使者指定の裁判が具体的に必要となる局面として国会で議論された例としては、子の氏の変更の審判に関する親権行使者の指定の裁判の申立てがあります。共同親権になった場合、離婚後の子の氏の変更も父母が共同で行わなければなりませんが（改正前・改正後791条1項、3項）、別居親が反対する場合、子の氏が変更できないという不都合が生じうるため、離婚訴訟の附帯処分として、子の氏の変更に関する親権者行使指定の裁判を申し立てるということが考えられます（竹内努参考人・第213回国会参議院法務委員会答弁（令和6年4月25日））。

（寺澤　春香）

第1編 令和6年改正

10 附帯決議

Q23　今回の改正法には、衆議院及び参議院で多くの附帯決議が付いていますが、それは今回の改正法にどのような問題点が懸念されているからでしょうか、教えてください。

ポイント

① 共同親権とすることについて父母間の合意がなくとも、家庭裁判所が共同親権を定めることができることとなる改正法の規定上、家庭裁判所が、主にDV・虐待事案について、親権者指定にあたり適切な判断が下せるのかという点が懸念されています。

② DV被害者が、加害者による親権者変更の申立て等により、更なる被害を受けてしまったり、裁判への対応を余儀なくされてしまうことが懸念されています。

③ 共同親権下における親権の単独行使ができる場面について、具体的にどの程度まで単独行使が認められるかは明確な基準が定められていないことから、子どもにとって必要な判断が適時に下せず、子の福祉を害する結果になってしまうのではないか、また、父母間の紛争が拡大したり、単独親権行使の萎縮につながるおそれがあることが懸念されています。

A　1　今回の改正法について、法制審家族法部会においても、衆議院及び参議院においても最も大きな問題点として議論された点はとしては、改正法の規定上、共同親権とすることについて父母間の合意がなくとも、家庭裁判所が共同親権を定めることができるという点にあります。改正法上、父母の一方から他方へのDVや虐待のおそれがある場合には単独親権とすることが定められてはいるものの、家庭裁判所が、

第1章　親権その他親子関係に関する基本的な規律の見直し

10　附帯決議

DVや虐待の事実ないしおそれを正確に判定できるのか、身体的DVのみならず精神的DVや経済的DVの事案についても裁判所が適切に判断できるのか、反対に、単独親権を獲得するための、いわゆる偽装のDV申告について、裁判所は適切な判断を下せるのか、また、過去にDVや虐待があった場合でも今は止まっていたり反省したりしているという事情があった場合に、裁判所が将来におけるDVや虐待のおそれがないとして共同親権を認めてしまうというケースがあり得たり、証拠がなければDVや虐待の事実が認定されず、被害者の声が届かないのではないか、ということも問題視されています。また、今回の改正法策定に当たり、共同親権制度を取り入れている諸外国の事象や傾向の研究が不足しており、家庭裁判所を含む機関の制度設計が足りないのではないかとの意見もありました。

　このような問題意識から、衆議院及び参議院の附帯決議においては、DV・虐待事案を含む多様な問題に対する判断が求められることに伴い、家庭裁判所の裁判官、調停官、調査官等の増員、専門性の向上、調停室や児童室等の物的環境の充実、オンラインによる申立てやウェブ会議の利用の拡大等による裁判手続の利便性の向上、子が安心して意見陳述を行うことができる環境整備など、必要な人的・物的な体制の整備に努めることが求められています。また、附帯決議十においては、DV・虐待の被害又はそれらのおそれの有無についての認定が適切に行われるよう、必要な研修その他の取り組みを行うことや、父母が互いの親子交流を尊重し、これを妨げる行為を防止する措置等について検討することが求められています。

2　また、DV・虐待被害者との関係でいえば、せっかく離婚が成立し単独親権が認められたにもかかわらず、改正法の施行により、DV加害者側から共同親権への変更への申立てがなされ、離婚後も、DV被害者が再びDV加害者からの支配・コントロール下に置かれてしまうこと、再度裁判への対応が要求されてしまうことが懸念されています。

　そのため、衆議院及び参議院の附帯決議においては、改正法施行後も、

子の利益の確保ができているか、DVや虐待等を防止して親子の安全・安心を確保するものとなっているか等について不断に検証し、必要に応じて法改正を含む更なる制度の見直しについて検討を行うことや、更なるDV被害者支援の充実等が求められています。また、司法手続における利用者負担の軽減を図るため、法テラスによる民事法律扶助、DV等被害者法律相談援助や地方公共団体における支援事業など、関係機関との連携を一層強化し、必要な施策の充実に努めることが求められています。

3 また、改正法は、親権の単独行使ができる場面として、子の利益のため急迫の事情があるときや監護及び教育に関する日常の行為については単独で親権行使できることとしていますが、具体的にどの程度まで単独行使が認められるかは明確な基準がありません。例えば、大きな手術の決定の際に、両親のサインがなければ病院は手術ができず、手術が延びてしまうことが懸念されたり、父母の一方が、養育費の増額を避けるために私立の学校をやめさせるよう要請したりすることが懸念されています。医療機関からも、父母の離婚後も両方の親権者の同意を必要とすることになれば、生命、身体の保護に必要な医療を実施することが不可能あるいは遅延することが懸念されるとの意見があったようです。これらの事態は、子の福祉に対する重大な影響を及ぼすことは勿論、紛争の拡大や、手続の濫用、不当訴訟にまで発展する可能性もあり、同時に、父母の他方当事者は、一方から争われることをおそれ、萎縮してしまい、子のために必要な適時適切な判断、ひいては安心して子を育てる環境が阻害されてしまうのではないかとの懸念も示されていました。このことから、衆議院及び参議院の附帯決議においては、特に、親権の単独行使の対象となる「急迫の事情」、「監護及び教育に関する日常の行為」、「特定の事項」及び「子の監護の分掌」等の概念については、その意義及び具体的な類型等をガイドライン等により明らかにすることが求められているほか、子ども自身が適切に意見表明することができる手続体制、サポート体制の整備が求められています。

4 さらに、改正後817条の12第2項として新設された、子の利益のために父母が互いに尊重し合い協力し合わなければならないとの規定の実現、具体的には養育費の支払いや適切な親子交流の実施について、親講座の受講や、子どもに対するガイダンス受講を必須のものとしたり、親子交流や養育費の在り方を共同養育計画という形で残したりすることが必要という意見もあったのですが、これを義務化することにより、結果的に離婚が困難となり、かえって子の利益に反する結果となる懸念があるとの意見から、これらは一旦見送られました。こういった経緯から、衆議院及び参議院の附帯決議においては、父母による子の養育が互いの人格の尊重及び協力関係のもとで適切に進められるよう、離婚前後の子の養育に関する講座の受講や共同養育計画の作成を促進するための事業に対する支援、ADRの利便性の向上など、関係府省庁及び地方公共団体等と連携して必要な施策の検討を図ることと定められています。

（寺澤　春香）

第2章 養育費

1 養育費等の請求権の実効性向上

Q24 養育費等の請求権が一般先取特権を有することになり、養育費等の請求権の実効性は向上したのか、教えてください。

ポイント

① 養育費、夫婦間の協力扶助、婚姻費用の分担、親族間の扶養に関する請求権について、債務者の総財産に対し、共益の費用、雇用関係に次ぐ第三順位の一般先取特権が存在することになりました（改正後306条3号、308条の2）。

② 一般先取特権が付与されるのは、養育費、夫婦間の協力扶助、婚姻費用の分担、親族間の扶養に関する請求権のうち、法務省令で定めるところにより算定した「相当な額」に限られます。

③ 債権者は、公正証書や家事審判等の債務名義を取得せずとも、一般先取特権の存在を証する文書を執行機関に提出することにより、差押えや財産開示手続や第三者からの情報提供手続の申立てができるようになり、債権者の負担が大幅に軽減します。

1 改正の背景

父母の離婚後の子の養育のあり方は、この生活の安定や心身の成長に直結する問題で、子の利益の観点から重要な問題です。特に、離

婚後のひとり親世帯の貧困は子の貧困にほかならず、重大な問題です。

　日本のひとり親世帯のうち88.9％が母子世帯で、ひとり親世帯の貧困率は44.5％です。これはOECDに加盟する35か国のうち第32位です（令和6年版男女共同参画白書151頁）。そして、令和3年度全国ひとり親世帯等調査結果によれば、母子世帯の就業者のうち正規職員・従業員は48.8％にとどまる一方、パート・アルバイトの割合は38.8％にものぼり、平均年間収入は272万円にしかなりません。

　さらに、令和3年度全国ひとり親世帯等調査結果によれば、養育費の取り決めをした割合は、母子世帯で46.7％、受領率は母子世帯で28.1％であることから、養育費の取り決めがなされたとしても、それが履行されていないケースが相当程度存在しています。国際的にみても、日本は養育費の支払率が低い傾向にあり、養育費の不払いは母子世帯の貧困の一因となっています。

　そこで、内閣府は、令和5年4月25日付で、希望する全てのひとり親世帯が養育費を受領できるようにすることが重要であるという認識の下、まずは2031年に、全体の受領率（養育費の取り決めの有無にかかわらない受領率）を40％とし、養育費の取り決めをしている場合の受領率を70％とすることを目指すとの目標を掲げました。

　そして、離婚後も父母双方が適切な形で子を養育する「責任」を果たすことが重要であるとの考えから、取り決めがされた養育費の履行確保を図るため、債権者の負担となっていた債務名義の獲得と執行手続きという二段階の手続き改めるべく、今般の法改正がなされました。

2　一般先取特権が付与される債権の範囲（種類）

(1)　今回の民法改正で、以下の義務に関する債権で、確定期限の定めのある定期金債権について一般先取特権が付与されました。

①　夫婦間の協力及び扶助の義務（民法752条）

②　婚姻から生じる費用の分担の義務（民法760条）

③ 子の監護に関する義務（改正後766条及び766条の3）

④ 親族間の扶養の義務（民法877条から民法880条）

養育費及び法定養育費（③）のほか、①②④の債権は、いずれも未成年の子の養育に要する費用の請求が問題になる場面で活用されるものです。そして、何らかの理由で父母の一方のみと同居することとなった子の生活の保護の必要性は、父母の離婚後の場面に限らず、婚姻中の父母の別居時においても重要であると考えられることから、近年の民事執行法改正においても同列に扱われています。そのため、今回の法改正でも養育費と同様に取り扱うこととされました（令和2年民事執行法改正における情報開示制度参照）。以下では、①から④の義務に関する債権で、確定期限の定めのある定期金債権を総称して、「養育費等請求権」ということにします。

(2) 養育費等請求権に一般先取特権を与えるということは、債務名義なくして強制執行を行うことを認め、さらには、強制執行が競合した場合、他の債権者に優先して債務者の総財産から回収することを認めることになります。

これほどまでに養育費等請求権の債権者を特別扱いするのは、そもそも一般先取特権の対象となっている請求権は社会政策的に保護の必要性が高いといわれているところ、養育費等請求権も保護の必要性が高いといえるからです。

そして、後述するように、一般先取特権を認める金額を限定することで、他の一般の債権者の利益にも配慮した定めとなっています。

(3) なお、債務者の利益への配慮は、他の一般先取特権に基づく強制執行の場合と同様に、執行抗告の手続において被担保債権の実体的な存否を争うことや、差押えの範囲の変更の申し立てもすることができるので、事後的な手続保障によりなされています。

3 一般先取特権が付与される債権の額

(1) 養育費等請求権の社会政策的な保護の必要性はあるものの、婚姻費

用や親族間の扶養には子の監護に要する費用以外の費用も含まれていますし、養育費についても、過度に高額な金額の合意がなされている場合には、全額について優先権を付与する必要性は高くありません。

そこで、今回の改正法では、養育費等請求権のうち、「子の監護に要する費用として相当な額」を上限として一般先取特権を付与することにしました。

(2) 「子の監護に要する費用として相当な額」の具体的な金額についての法務省令はまだ定められておらず、改正法の施行までに定められることになります。

「相当な額」については、改正法に、子の監護に要する標準的な費用その他の事情を勘案して、扶養を受けるべき子の数に応じて算定して定めることが明記されています。そして、この定めは、子の監護に要する標準的な費用の額を基本的な考慮要素としつつも、例えば、これに反映されていない突発的な経済事情の変動があった場合にそのような事情も勘案することができることを示したものであって、個別の事情を考慮して「相当な額」を定めるという意味ではありません（竹内努参考人・第213回国会衆議院法務委員会答弁（令和6年4月9日））。

4 一般先取特権の順位

(1) 養育費等請求権に一般先取特権を付与するとして、次に、現行法における他の一般先取特権との順位、特に雇用関係（民法306条2号・308条）との優劣が問題になります。

(2) 雇用関係と養育費等の競合が問題になるのは債務者が個人事業主の場合であることを念頭に、一般先取特権は、他の債権者に優先して債務者の総財産から債権の回収を認めるもので、その使用者（債務者）の財産の増殖には労働者の労働が寄与しているといえることから、賃金等の請求権は共益性を有しているといえます。また、一般に、債務者が個人事業主の場合、賃金等の債権を経費として考慮し、それらを控除した額（所得）が

養育費算定の基礎となります。

そこで、養育費等は、雇用関係に劣後するものとして、第三位の一般先取特権として定められました。

5 執行手続における留意点（「一般先取特権の存在を証する文書」について）

(1) 執行手続の詳細については「**Q27** 養育費：執行手続における債権者の負担軽減」に譲り、以下では、執行上の留意点について触れることとします。

(2) 一般先取特権により強制執行を行う場合、その「一般先取特権の存在を証する文書」を執行機関に提出すれば足り、公正証書や家事審判等の債務名義を取得する必要はありません。

「一般先取特権の存在を証する文書」は公文書である必要もなく、弁護士等の法律専門家が作成した文書でなくても構いません。そのため、父母間の協議により養育費を取り決める文書を作成した場合や、ADR機関で一定の合意文書が作成された場合、これらの文書も「一般先取特権の存在を証する文書」に該当します。しかし、債権額が具体的に決まっている必要がありますので注意してください。

ここでの文書は、債権の存在を疎明するものでは足りず、高度の蓋然性をもって証明するものである必要があります。例えば、「Aは、Bに対し、Cの養育費として、令和○年○月から令和○年○月まで、1か月○万円を、毎月○日までに、□□銀行△△支店の□□名義の普通預金口座に振り込む方法により支払う。」ことを約束している場合などが考えられますが、元夫婦であったことを考えると、合意書の作成の真正について、いわゆる二段の推定の成否が争われる可能性もあり、そのような場合には、当該合意書が債務者の意思に基づいて作成されたのかが審理されることになります。また、このような約束が記載された文書であっても、債権者の署名押印しかない場合には、同書面が債務者の意思に基づいて作成されたのか債務者に無断で作成されたのかが判然としないので、当該文書のみでは証拠

不十分と判断される場合もあり得ます（部会資料24・21頁）。

　(3)　一般先取特権の付与により債務名義を取得する必要はなくなり、執行手続までの手続が簡略化され、債権者の負担が軽減されました。

　しかし、強制執行手続の根幹をなす「一般先取特権の存在を証する文書」は慎重に作成しなければなりません。そして、執行実務の中では一般先取特権に基づく強制執行の申立件数は決して多くありません（日弁連による「民事執行法令和元年改正点の運用に関するアンケートの分析結果」参照）。

　そのため、今後、一般先取特権に基づく強制執行の申し立てが増えるとしても、弁護士による法的サポートの重要性は従前と変わらず、むしろ、債務名義獲得のための法的手続が不要になったからこそ、周到な法律文書の作成のために我々弁護士が必要とされます。

（高砂　太郎）

第1編 令和6年改正

2 法定養育費

Q25 法定養育費制度はなぜ創設されたのでしょうか。また、法定養育権の計算方法などについても教えてください。

ポイント

① 養育費の取り決めをせずに協議離婚した場合でも、法令で定めた子の最低限度の生活の維持に要する標準的な費用を請求できるよう、養育費の取り決めがなされるまでの間を補充する趣旨で、法定養育費制度が新設されました。

② 法定養育費を請求できるのは、離婚時から引き続き子の監護を主に行っている親です。

③ 法定養育費の請求ができるのは離婚の日からです。

④ 法定養育費請求権にも一般先取特権が付与され、債務名義を得ずに、強制執行を申し立てることができます。

⑤ 支払能力を欠くこと、又は支払いをすることで生活が著しく窮迫することを証明した場合に限り、法定養育費の全部又は一部の支払いを拒むことができます。

⑥ 家庭裁判所の調停又は審判で養育費を定めた場合、支払義務を負う者の資力を考慮し、家庭裁判所が未払となっている法定養育費の支払債務の全部又は一部の支払免除、又は支払猶予、その他相当な処分をすることができるとされました。

1 法改正の背景

離婚時に養育費等の取り決めがなく、取り決めがあったとしても養育費等の受領率が低く、ひとり親世帯の貧困、すなわち子の貧困の一因となっていることは、「Q24 養育費等請求権の一般先取特権」で述べ

たとおりです。

　そして、裁判実務上は、扶養料請求や養育費分担について、原則として申立時から遡った過去の扶養料や養育費の請求を認めないこととされています。それゆえ、協議上の離婚が離婚方法の多くを占める日本の現状からすれば、婚姻中のDV等の事情により父母がその離婚時に子の監護について必要な事項の協議をすることが期待できず、協議上の離婚の際に養育費の定めをすることができなかった場合には、事実上、扶養料や養育費を請求することが極めて困難になってしまいます。

　そこで、協議離婚をするにあたり養育費の分担を定めなかった場合でも、法定された、子の最低限度の生活の維持に要する標準的な費用を請求できる制度（法定養育費制度）が創設されました。ただし、この制度は父母の協議等により養育費の額を定めることができない場合に対応するための補充的な位置づけで、養育費の取り決めができるまでの間の暫定的な養育費の額を定めるものです。

2　要件・効果

(1)　法定養育費を請求するための要件は、以下のように定められています。

　　①　「父母が子の監護に要する費用の分担についての定めをすることなく協議上の離婚をした場合」

　父母が協議をすることが「できない」ことの理由や、分担についての定めをしなかったことの理由も要件とされていません。協議が困難であるという事情の存在を必要とすると、立証の負担が生じ、事実上請求権の行使を困難なものとさせ、立法の趣旨を損ねてしまいかねないからです（部会資料35－2・13頁）。

　また、請求者が協議を拒んでいる場合や、面会交流の実施を拒んでいる場合であっても請求することができます。請求が不当であると債務者が考える場合には、債務者側から養育費を定めるための調停又は審判を申し立てることで対応することになります。

② 「離婚の時から引き続き子の監護を主として行うもの」

　父母の離婚後に親権者が変更された場合や、今般の法改正で双方が親権者となった場合でも、法定養育費の請求ができる者は、親権の帰属や監護者の定めの有無ではなく、実際に子と同居するなどして物理的な子の養育を主に担当するのは父母のどちらであるか、という観点から決まります。

　実際に子を監護する者が変更になった場合は、法定養育費請求権の終期として取り扱われます。

　(2)　詳細は「Q24　養育費等請求権の一般先取特権」に譲りますが、法定養育費の請求権にも一般先取特権が付与されます（改正後306条3号、308条の2、766条の3）。

　後述するように、法定養育費の額は父母の具体的な収入によらずに一定の額として定められるものですので、債権者は、執行手続の申し立ての際に、債務者の収入に関する事項を記載した文書などを提出する必要はありません。

　(3)　破産手続では非免責債権となり、免責許可決定がなされても債務を免れません（改正後破産法253条1項4号ハ）。

　再生手続においても、法定養育費の請求者が同意しない限り、債務の減免その他権利に影響を及ぼす定めをすることができません（改正後民事再生法229条3項3号ハ）。

4　法定養育費による額の定めが及ぶ期間（始期及び終期）

　(1)　始　期

　法定養育費を請求できる日を、「離婚の日から」と定めています（改正後766条の3第1項）。

　(2)　終　期

　法定養育費制度の制度趣旨は、父母が養育費の定めをせずに離婚した場合を補完することにあるので、法定養育費を請求できる地位にあった父母の一方が子の監護を行わなくなった場合のほか、養育費について協議が成

立又は家事審判等が確定した場合、子が成人して監護が不要になった場合には、法定養育費請求権の発生は終わるものと定められました。

① 父母がその協議により子の監護に要する費用の分担について定めをした日（1号）

② 子の監護に要する費用の分担についての審判が確定した日（2号）

③ 子が成年に達した日（3号）

なお、中間試案の検討の際、実父母の離婚後に子について養子縁組がなされた場合（連れ子と再婚相手が養子縁組する場合）、養親が子に対する第一次的な扶養義務を負うものと解し、法定養育費の終期に養子縁組をした日も加えるべきとの意見もあったようですが、本改正法には規定されませんでした（部会資料35－2・12頁）。

5　法定養育費の額

(1)　法定養育費の制度は、あくまでも父母の養育費に関する合意がないことを補完するための制度です。そして、その支払義務は、父母の実際の収入を離れて、養育費の定めを行わずに離婚をしたという事実のみをもって発生することから、高額に定めた場合には、債務者に実際の支払能力を超える債務を負担させてしまう可能性があります。

そこで、本改正法は、「子の最低限度の生活の維持に要する標準的な費用」を勘案して、子の数に応じた額を法務省令で定めるとされ、少額にとどまる可能性があります。

(2)　具体的な算定方法や額を定めた法務省令はまだ制定されておらず、改正法の施行までに定められることになります。ただし、法定養育費の額は、父母の収入などの個別的事情によっては変化しないとされています。

また、今般、共同親権の法改正がなされましたが、共同親権か単独親権かによっても変わらないと考えられています（竹内努参考人・第213回国会参議院法務委員会答弁（令和6年4月25日））。

6 法定養育費額の減免

　法定養育費の支払義務は父母の収入などの個別事情によらずに発生するものですので、債務者の資力によっては、著しい負担を課すことになってしまいます。

　そこで、支払能力を欠くこと、又は支払いをすることで生活が著しく窮迫することを証明した場合には、法定養育費の全部又は一部の支払いを拒むことができるとされました。疎明では足りず、証明が必要です。

　支払いを拒めるか否かが問題となる事例としては、別居親が子どもを養育できない病身の場合などが考えられますが、生活保護を受給している場合も含まれるのかなど、事例の蓄積が必要と思われます（部会31議事録34頁〔武田〕、同45頁〔水野〕）。

7 合意額と法定養育費とに差額が生じる場合の処理

　⑴　法定養育費の支払いを受けず、養育費の支払いを求めて調停又は審判を申し立て、調停成立又は審判が確定した場合

　家庭裁判所の調停又は審判で養育費を定める場合、支払義務を負う者の資力を考慮し、家庭裁判所が未払いとなっている法定養育費の支払債務の全部又は一部の支払免除、又は支払猶予、その他相当な処分をすることができるとされています（改正後766条の3第3項）。

　⑵　法定養育費の支払いを受けつつ、養育費の支払いを求めて調停又は審判を申し立て、調停成立又は審判が確定した場合（法定養育費よりも高い養育費の場合）

　例えば、法定養育費が月3万円となり、その後、調停又は審判で養育費が月5万円と決まった場合です。

　現在の裁判実務では、原則として申立時以降に具体的な分担義務が生じるとされており、法定養育費の制度はこの運用まで変更するものではありません。したがって、調停や審判では、申立後の差額についてのみ支払いを命じることになります（竹内努参考人・第213回国会参議院法務委員会

答弁（令和6年4月25日））。

(3)　法定養育費の支払いを受けつつ、養育費の支払いを求めて調停又は審判を申し立て、調停成立又は審判が確定した場合（法定養育費よりも低い養育費の場合）。

　例えば、法定養育費が月3万円となり、その後、調停又は審判で養育費が月2万円と決まった場合です。

　改正後766条の3第3項は法定養育費を支払っていない場合の規定ですから、このような場合の取り扱いを定めた規定はありません。しかし、同項の趣旨は、法定養育費の支払義務があることを前提に、将来的にその義務の減免を定めたもので、一度支払ったものを返還させるという趣旨ではありません（部会33議事録1頁〔池田〕、同14頁〔沖野眞巳〕）。

　したがって、支払済みの法定養育費の返還は認められないものと思われます。

8　債務者の手続保障

(1)　法定養育費制度により、債務者にはその意思によらず義務を課すことになります。離婚後相当期間を経過してから債権者が一般先取特権に基づき強制執行を申し立てた場合や、離婚後相当期間が経過していて債務者の収入等が大きく減少している可能性がある場合などは、差押えを受ける債権者への影響は大きいといえます。そこで、債務者の手続保障のあり方が重要となります。

(2)　まず、債務者は、他の一般先取特権に基づく強制執行の場合と同様に、執行抗告の手続において被担保債権の実体的な存否を争うことや、この執行抗告の手続において執行停止の申し立てをすることも可能です。例えば、離婚時に法定養育費額よりも低額の養育費が合意されていた場合には、この合意の存在を理由に執行抗告をするとともに、その執行手続の停止を求めることになります。

　また、当事者間の協議又は家庭裁判所の審判によって過去分も含めた相

当な養育費の定めをしつつ、債務者が差押えからの解放を求める手続の一例は次のようなものとなると思われます。

① 債務者が家庭裁判所に相当な養育費を定める申立てをした上で、担保権実行手続を停止するための保全処分の申立てをする。

② 家庭裁判所が担保権実行手続の停止を命ずる仮処分をした後、債務者が執行裁判所に対して当該執行停止文書を提出する。

③ 執行裁判所が担保権実行手続を停止する。

9 法定養育費の制度が新設されたとしても、養育費の取り決めがなされること、現実に養育費の受領がなされることの重要性は変わりません。

新設された制度の周知徹底をするとともに、弁護士会や法テラスをはじめとした関係機関が協力して一貫したサポート体制を整える必要があります。

（髙砂　太郎）

3 裁判手続における情報開示義務

当事者の収入の把握を容易にするため、実体法上、手続法上、収入に関する情報について、どのような改正がなされたか教えてください。

ポイント

① 訴訟や、調停・審判などの手続きにおいて、養育費等の請求がなされている場合、裁判所は必要があると認めるときは、当事者の申立て又は職権により、当事者に対して、収入及び資産の状況に関する情報を開示することを命ずる（情報開示命令）ことができるようになりました。

② 裁判所から情報の開示を命じられた当事者が、正当な理由なくその情報を開示しなかったり、虚偽の情報を開示したりしたときは、裁判所の決定により、10万円以下の過料に処せられます。

裁判実務においては、権利者と義務者双方の収入を元に養育費等の算定を行っており、簡易的な算定として、「養育費・婚姻費用算定表」が用いられていることは、広く知られているところです。

しかし、実際には、義務者から収入に関する資料が任意に提出されない場合に、権利者において義務者の収入に関する資料を取得することは困難な場合が多いという問題がありました。このような場合に、裁判所から市町村等に義務者の所得等についての調査嘱託がなされることもあり得ますが、守秘義務等を根拠に回答が拒まれることも少なくないとされています。このように、現行法においては、収入に関する資料収集等に困難が伴うことに起因して、適正な養育費等の額の認定が困難となる、裁判の長期化につながるといった問題点が指摘されていました。

そこで、本改正においては、①夫婦間の協力扶助に関する処分の審判事件、②婚姻費用の分担に関する処分の審判事件、③子の監護に要する費用の分担に関する処分の審判事件、の各審判事件（改正後家事事件手続法152条の2第1項）及び、④子の監護に要する費用の分担に関する処分の申立てがなされている婚姻の取消し又は離婚の訴え（改正後人事訴訟法34条の3第1項）において、裁判所は、必要があると認めるときに、申立てにより又は職権で、当事者に対し、その収入及び資産の状況に関する情報を開示することを命ずることができる旨の規定が新設されました。併せて、これらの裁判所の情報の開示を命じられた当事者が、正当な理由なくその情報を開示せず、又は虚偽の情報を開示したときは、裁判所は、決定で10万円以下の過料に処するものとされました（改正後家事事件手続法152条の2第3項、改正後人事訴訟法34条の3第3項）。

これらの規定の新設により、収入に関する資料収集が円滑化し、適正な養育費等の額の認定が迅速になされることが期待されます。

なお、類似の制度として、当事者に対して、債務名義取得後に、財産状況の開示を義務付ける民事執行法上の財産開示手続（民事執行法196条以下）がありますが、本規律は本案審理段階である家事事件・人事訴訟において適用される点が異なります。

また、開示命令に違反した場合の制裁としては、裁判所が決定により、10万円以下の過料に処するものとされています。この点について、改正の議論においては、①過料を定めたとしても、開示義務に従うよりも過料を負担した方が経済的に有利な場合も多いため、開示義務に違反している事実を養育費等の認定における考慮要素の一つとして裁判所が判断し得ることを明示的に定めることで、開示義務の実効性を確保すべきとの意見や、②裁判所による市町村等に対する相手方の収入、所得に関する照会を前置した上で、真実擬制の効果を付与すべきとの意見など、違反した当事者に不利益な事実認定をすることを可能とする意見も挙げられていましたが、今回の改正においてはそのような規律は設けられませんでした。

第2章 養育費
3 裁判手続における情報開示義務

　もっとも、現行法の下でも、裁判所から収入の状況に関する情報の開示を命じられた当事者が情報開示に応じないときには、裁判所はそのような経過も審判手続や弁論の全趣旨として考慮し、当該当事者に不利益な事実認定をすることが可能であるとも考えられます。

　なお、改正の議論においては、①当事者間の合意を促進する観点から、当事者間の協議において当事者の収入の把握を可能にするために、実体法上の根拠を定める必要性が高い、②実体法上の開示義務を定めることが、子の養育費は父母が収入に応じて分担すべきであることを社会の共通認識とする契機となるなどの理由で、実体法上の開示義務を定めることに賛成する意見がありました。

　他方で、①当事者間の協議が調わない場合には、養育費等に関する裁判手続において調整が図られることになるために、実体法上の開示義務を認めることについては慎重に検討すべき、②各人のプライバシーを重視して、双方の収入や財産状況を相互に明らかにすることなく、婚姻費用を分担している夫婦も存在していることから、一律に自己の収入に関する情報を開示する義務を負わせるべきでない、③対等な話合いができない関係にある当事者の間で、力の強い者からの圧力で一方的に収入を開示させる可能性がある、など実体法上の開示義務を定めることに反対する意見もありました。

　このような議論を経て、本改正においては、実体法上の開示義務を定めることは見送られ、前述のような手続法上、裁判所か必要と認めるときに、開示命令がなされることによって初めて開示義務が認められる内容の規律が設けられたのです。

（小熊　弘之）

第1編 令和6年改正

4 執行手続における債権者の負担軽減

Q27 養育費等の債権についての民事執行において、1回の申立てにより複数の執行手続を可能とするなどの改正内容について、教えてください。

ポイント

① 債権者が養育費等の債権について、財産開示手続を申立てた場合に、債権者が反対の意思表示をしない限り、同時に、債務者が開示した給与債権に対する差押命令の申立てをしたものとみなされることになりました。

② 債権者が養育費等の債権について、第三者からの情報取得手続を申立てた場合に、債権者が反対の意思表示をしない限り、同時に、市町村等が情報を提供した給与債権に対する差押命令の申立てをしたものとみなされることになりました。

③ 財産開示手続において、執行裁判所の呼び出しを受けた債務者がその財産を開示しなかったときは、債権者が反対の意思表示をしない限り、執行裁判所が第三者からの情報取得手続の申立てがあったのと同様に扱い、さらに、これにより市町村等から情報が提供された給与債権に対する差押命令の申立てをしたものとみなされることになりました。

養育費、婚姻費用の分担及び扶養義務（以下、「養育費等」といいます。）に係る金銭債権の債務名義を有している債権者は、債務者から任意に弁済を受けられない場合には、必要に応じて適切と思われる民事執行手続を選択し、裁判所に申立てを行って、債権の満足を図ることになります。

第**2**章 養育費

4 執行手続における債権者の負担軽減

　もっとも、債権者が債務者の財産状況を把握していない場合には、差押える財産の特定ができないため、その前提として財産開示手続（民事執行法196条以下）や第三者からの情報取得手続（同法204条以下）の申立てを行い、裁判所の手続きにおいて債務者の財産を調査することとなります。

　これらの手続きにより、債務者の有する財産が判明した場合、債権者は、その財産の種類、数、経済的価値等と、手続費用や弁護士費用等のコスト、実効性などを考慮して、適切と思われる強制執行手続を選択し、裁判所へ申立てを行うことになります。

　これら現行法における民事執行手続は、当事者が手続を選択し、その手続ごとに裁判所へ申立てをする必要があるため、時間や労力がかかる上、弁護士に依頼する場合には、その費用を要するため、養育費等の債権者にとって大きな負担となっているとの問題が指摘されていました。

　そこで、1回の申立てにより複数の執行手続を行うこと（以下、「包括的申立て」といいます。）が可能となれば、債権者の負担が軽減され、子の利益が確保されるとの考え方から、民事執行法の改正が議論されました。

　養育費等は、適時かつ継続して給付されることが債権者等の生活維持に不可欠であることから、未払いが生じて強制執行を行う場合に、未払分に係る執行のみではなく、将来分の養育費等に係る執行も可能とするために、債務者の継続的な債権である給与債権を対象とした民事執行の手続を申立てることが多くあると考えられます。また、給与債権の額は、養育費等の額と比べて高額である場合が多く、費用倒れになるおそれが低い上、同一人が複数の給与債権を有しているケースは多くないため、複数の債権から差押債権を選択するという判断が必要となる場合も少ないとの見方から、給与債権はその性質上、財産開示手続・情報取得手続・債権執行の包括的申立てを認めることに親和的と考えられました。

　このような観点から、本改正では、次のような規定が新設されました。まず、債権者が養育費等の債権について、財産開示手続を申立てた場合に、債権者が反対の意思表示をしない限り、同時に、債務者が開示した給

105

与債権に対する差押命令の申立てをしたものとみなされることになりました（改正後民事執行法167条の17第1項1号前段）。

　また、債権者が養育費等の債権について、第三者からの情報取得手続を申立てた場合に、債権者が反対の意思表示をしない限り、同時に、市町村等が情報を提供した給与債権に対する差押命令の申立てをしたものとみなされることになりました（改正後民事執行法167条の17第1項2号）。

　さらに、財産開示手続が奏功せず、債務者が財産を開示しない場合には、債権者が反対の意思表示をしない限り、執行裁判所が第三者からの情報取得手続の申立てがあったのと同様に扱うこととされました（改正後民事執行法167条の17第2項）。また、併せて、同規定により市町村等から給与債権の情報が提供された場合も、債権者が反対の意思表示をしない限り、当該給与債権に対する差押命令の申立てをしたものとみなされることになりました（改正後民事執行法167条の17第1項1号後段）。

　このように、一定の要件の下、①財産開示手続、給与債権に対する差押え、②第三者からの情報取得手続、給与債権に対する差押え、③財産開示手続、第三者からの情報取得手続、給与債権に対する差押え、がそれぞれ1つの申立てにより行えるようになりました。これにより、債権者による円滑な強制執行による債権の満足がなされ、ひいては子の利益が確保されることが期待されます。

　このような手続を経て、債権差押命令の申立てがされたものとみなされた場合に、一定の手続を経てもなお差押えるべき債権を特定することができないときは、執行裁判所が債権者に対し、相当の期間を定め、その期間内に差押えるべき債権を特定するために必要な事項の申出をすべきことを命じることができ、その期間内に差押えるべき債権を特定するために必要な事項の申出をしないときは、差押命令の申立ては、取り下げたものとみなされます（改正後民事執行法167条の17第6項）。

　なお、今回の改正においては、対象となる債権は給与債権（民事執行法206条1項参照）に限られています。この点、対象となる債権に預貯金債

権を対象に含めることも議論がなされましたが、①残高が少額の口座について差押命令が発令されてしまい、債権者にとって費用倒れとなるケースが生じ得る、②差押えの対象となる口座やタイミングを債権者においてコントロールできないため、複数の金融機関から順次口座が開示された場合に、先に開示された口座に対する差押えを受けた債務者が他の口座の預貯金を引き出してしまい、結果として回収ができなくなるおそれがある、③給与や賞与が振り込まれるタイミングを見計らって差押えの申立てをするなど、回収の可能性を上げるための柔軟な対応ができなくなる、④仮に預貯金を対象としたとしても、差押手続に進む段階で、債権者において第三債務者の数や属性に応じた費用の追加支払いや、書類の追完が必要となる場合が考えられるため、完全なワンストップにはならない、といった問題が指摘され、今回の改正において預貯金債権は対象とはなりませんでした。

（小熊　弘之）

第3章 親子交流等

1 父母婚姻中の親子交流

Q28 父母の婚姻中の、別居親と子の交流に関する規律が整備された理由を教えてください。

ポイント
① 父母の婚姻中の、別居親と子の交流について、問題となる場面が現実的に多くあり、最高裁もこれを認めていたところ、これを明文化しました。
② 父母の婚姻中の、別居親と子の交流に関する定めに関し、子の利益を最も優先して考慮しなければならないことが明文化されました。
③ 父母の婚姻中の、別居親と子の交流に関する定めに関し、判断基準については、明文化されませんでした。また、子の意思の尊重についても、明文化されませんでした。

1 「面会交流」等の用語について

実務上、平成23年民法改正前は「面接交渉」という用語が使用され、平成23年民法改正後は「面会交流」という用語が定着していました。改正前776条1項では「父又は母と子との面会及びその他の交流」と規定されていました。

今般の改正にかかる法制審議会家族法制部会では、次第に「親子交流」

という用語が使用されるようになりました（部会資料19－1・9〜12頁等）。そして、改正後776条1項では「面会及びその他の」が削除され、「父又は母と子との交流」と規定されました。もっとも、令和6年改正は、「「面会交流」が意味していた実質的内容を変更しようとするものではないと解され」ています（池田清貴「親子交流等に関する新しい制度」家庭と法の裁判51号28頁）。

なお、令和6年改正により、新たに父母以外の親族との子の交流が認められました（改正後766条の2。**Q32**参照）。

このような状況において、「今後、調停・審判の事件名等では「親子交流」の用語が用いられるようになるのではないかと予想される。もっとも、「親子交流では」、新たに設けられた父母以外の親族と子の交流が含まれないこととなるため、「子との交流」あるいは「親子交流等」という用語も併せて用いられることも考えられる。」との見解があります（前掲池田・家庭と法の裁判51号28頁）。

そこで、本書では、改正後、未だいずれの用語も定着しているとはいえない状況であることから、記述内容に応じて「面会交流」「親子交流」「親子交流等」「子との交流」等の用語を使用しています。

2　規律が設けられた理由

改正前は、父母の婚姻中の場面における別居親と子の交流について直接規律する明文規定は設けられていませんでした。別居親と子の交流を可能とする制度としては、現行法上は審判前の保全処分の制度がありますが、「子その他の利害関係人の急迫の危険を防止するため必要があるとき」（家事事件手続法157条1項3号）との要件を満たす必要があり、これを満たすことは多くないといわれています。

しかし、親子交流の実施が求められる場面は、父母が離婚した場面に限られるものではなく、父母が離婚前に別居している場面にも起こります。離婚までの別居の期間が長くなることもあり、その期間に乳児が親を忘れ

てしまったり、親子関係が難しくなったりということも考えられるため、別居親が子との交流を求めることも多くあります。

　実際に、協議上の離婚に先立って父母が別居をする際に、別居親と子との交流の方法を父母の協議で取り決めることもあります。「協議離婚経験者1000名に対して調査を行った「協議離婚制度に関する調査研究業務」報告書（日本加除出版、令和3年3月）によれば、離婚に先立って別居した者（430名）のうち、別居する前に話合いをしていた者は全体の約66.3%（285名）であり（**Q17**）、そのうち「同居しない親との面会等の仕方」について合意ができたとするのは約38.6%（110名）であった（**Q18の4**）」との説明がされています（部会資料29・27頁）。

　また、従来、婚姻中の父母間において親子交流の定めについての協議が調わない場合に、父母の一方が家庭裁判所に対して審判等の申立てをすることができるかどうかについて、これを否定的に解する学説や裁判例もありました。しかし、最決平成12年5月1日民集54巻5号1607頁が、別居親と子との交流について民法766条の類推適用を肯定するに至り、実務においては、父母の婚姻中においても家庭裁判所が親子交流についての調停・審判をすることができるとの考えが定着していました。民法766条の類推適用を認める根拠については、様々な考え方があり得るところですが、前掲最決平成12年5月1日の調査官解説は、「面接交渉が認められる実質的根拠が、親と子とは、子の福祉に反すると認められる特段の事情がない限りは、両親が離婚した後であっても、互いに交流を継続することが子にとって望ましいということにあるのであれば、いまだ離婚に至らない場合であっても、両親が別居し、子が一方の親の元にいる場合には、他方の親と子との面接交渉を認める必要性は、離婚が成立した後と比べて優るとも劣らないと考えられる」（「最高裁判所判例解説民事篇平成12年度（下）」（法曹会・平成12年）517頁との説明がされています（部会資料29・25頁、27頁参照）。

　このように、別居親と子との交流が問題となる場合が多くあり、その必

要性も大きいと考えられていたこと、また実務上父母の婚姻中においても家庭裁判所が親子交流についての調停・審判をすることができると考えられていることなどから、改正後817条の13において、子と別居する親と子との交流について必要な事項は父母の協議で定めること、協議が調わないとき、または協議をすることができないときは、父又は母の請求により家庭裁判所が親子交流に関する事項を定める規律が設けられました。

3　子の利益が最優先であること

　また、改正前より民法766条1項は、離婚後の親子交流に関する定めについて「子の利益を最も優先して考慮しなければならない」と定めていますが、これは、離婚後も婚姻中も同様と考えられます（部会資料29・26頁）。そこで、別居親と子の交流に関する定めを明文化するにあたり、子の利益を最優先することを明らかにする規律を設ける必要性があると考えられました。その結果、改正後817条の13第1項において、別居親と子の交流について必要な事項を定めるにあたり、子の利益を最優先して考慮しなければならないことが定められました。

4　判断基準、子の意思の尊重の明文化の見送り

　立法過程において、上記2にて述べた別居親と子の交流について必要な事項を父母の協議で定めるとの規律に関して、かかる規律が適用されるかどうかの判断基準、例えば、別居期間の長さなどを明文化するかの議論が行われました。しかし、父母の別居により、親子交流を含む子の監護に関する事項を定める必要性は、その子が置かれている状況などの個別具体的な事情に応じ、子の利益の観点から決定されるべきものであると考えられること、また、前掲最決平成12年5月1日も、改正前766条の類推適用にあたり、少なくとも明示的には別居期間等を要件としていないこと、実務において一般的にはそのような要件を求めることなく解決を図っているものと思われること等から、判断基準の明文化は行われませんでした（部会

第1編 令和6年改正

資料29・26頁）。

　また、立法過程において、別居親と子の交流の判断にあたり、子の意思等を考慮（尊重）することを明記すべきであるとの意見が出されたこともありました（部会資料35－2・17頁）。別居親と子の交流にあたり、子の意思に関する事情を正確に把握することが重要であることについては、ほぼ異論はないものと思われ、「子の意思」をどの程度重視するかは、子の年齢及び発達の程度のほか、個別の事案における具体的な事実関係、子が示した意見の内容等によっても様々であると考えられます。その上で、「子の意思」を明文化するかどうかについては、明文化によって裁判所が子の意思を過度に重視することとなりかねないのではないか、裁判手続に至る前の段階を含めた父母の行動に影響を及ぼしかねないのではないかとの観点からの懸念が示されました。また、具体的な事情の下では子が示した意見等に反しても子の監護のために必要な行為をすることが子の利益となることもあり得る、子の意見等を尊重すべきことを過度に重視しすぎると、父母が負うべき責任を子の判断に転嫁する結果となりかねない、父母の意見対立が先鋭化している状況下において子に意見表明を強いることは子に過度の精神的負担を与えることとなりかねないといった指摘が示されました（部会資料34－2・5～6頁）。このような議論を経て、子の意思を尊重することについて明文化は行われませんでした。もっとも、上記**3**のとおり、別居親と子の交流の判断にあたり、子の利益を最優先に考慮する必要があり、その中で子の心情や意思も考慮の要素となると考えられます。

（岡本　知子）

第3章 親子交流等
1 父母婚姻中の親子交流

Q29 父母の婚姻中の、別居親と子の交流の内容について教えてください。

ポイント

① 父母の婚姻中の、別居親と子の交流の内容を決めるにあたり、子の利益を最も優先する必要があります。
② 父母の婚姻中の、別居親と子の交流の内容は、事案に応じて、直接交流のほか、電話やウェブ会議などを通じた交流などの間接交流といった様々な内容が考えられます。

1 令和6年改正後民法の定め

別居親と子の交流の内容は、父母の協議で定めることとされています（改正後817条の13第1項）。父母間の協議が調わないとき、または協議ができない場合には、父又は母は、家庭裁判所に子との交流について必要な事項を定めるよう請求することができます（同2項）。また、父又は母は、家庭裁判所に対して、交流について必要な事項の変更を請求することができ、家庭裁判所は必要があると認めるときは、定めを変更することができます（同3項）。

2 子の利益を最も優先して考慮しなければならないこと

父母が協議で交流の内容を決めるにあたっては、子の利益を最も優先して考慮しなければなりません（改正後817条の13第1項）。これは家庭裁判所における手続においても同様です。裁判所ウェブサイト（令和6年9月現在https://www.courts.go.jp/saiban/syurui/syurui_kazi/kazi_07_08/index.html）にも、面会交流について、「子との面会交流は、子にとって親と面会交流を行うことが、その子の健全な成長を助け、子の福祉にかなうものとなるよう、子の年齢、性別、性格、就学の有無、生活のリズム、生活環境等を踏まえ、子に負担がかからないように十分配慮し、また子の

意向も尊重した取決めができるように話合いを進めます。」と記載されています。

このように、別居親と子の交流を実施するにあたっては、個別の事案における具体的な事実関係を考慮し、子の利益が最大限となるものにする必要があります。この点は、別居親と子の交流でも離婚後の親と子の交流でも変わるところはありません。協議にあたり、考慮すべき事実としては、明文化はされていませんが、子の年齢及び発達の程度、心情や意思、子の生活状況、別居親と子との関係、交流を安全な状態で実施することができるか等が考えられます（片岡武ほか「実践調停面会交流」（日本加除出版、2018年）、秋武憲一「離婚調停（第4版）」（日本加除出版、2021年）176頁参照）。家庭裁判所における手続でも同様の考慮がされるものと考えられます。

3 交流の具体的内容

交流の具体的な内容は、離婚後の面会交流の場合と同様と考えられます。

交流の形態としては、事案ごとに、対面での交流（直接交流）のほか、間接的な交流（間接交流）が取られることもあります。

対面での交流（直接交流）では、数時間交流するもの、宿泊を伴うものがあります。その他、子の学校行事に参加することも考えられます（ただし、事案によっては、子に直接声をかけないことを取り決めて行う場合もあります。）。

間接的な交流（間接交流）についても、電話やウェブ会議に関しては、頻度、日程、連絡方法を定めることが考えられます。手紙のやりとり、写真、動画、資料等の送付に関しては、頻度、送付先を定めるということが考えられます。

対面での交流（直接交流）については、日程や頻度、場所、受け渡し方法、連絡方法等を定めることがあります。また、父母間の対立があって第三者の支援が必要であるような場合には、面会交流の実施を継続的に援

助する第三者機関（法務省ウェブサイト https://www.moj.go.jp/MINJI/minji07_00286.html 参照）の利用を取り決めることもあります。その場合は、支援の具体的な内容、例えば交流の立ち合いのみか、受け渡し等も第三者機関が行うか等についても定めておくべきです。また、第三者機関の費用負担等についても定めておくべきでしょう。第三者機関によって、支援を受けられる条件、内容が異なります。例えば、調停や審判の成立前には支援を受けられないとする機関があります。また、調停・審判にて、交流の日時、場所、回数等を取り決めたあとで、第三者機関に支援を申し込んでも、第三者機関がその取決めどおりに対応できないという可能性もあります。支援を希望する場合には、事前の第三者機関への相談、協議が重要です。

（岡本　知子）

第1編 令和6年改正

2 裁判手続における親子交流の試行的実施

Q30 判決前・審判前・調停前の親子交流の試行的実施に関する規律が整備された理由を教えてください。

ポイント

① 事案に応じて、判決前・審判前・調停前の親子交流を試行的に実施し、その結果を裁判所や当事者双方が共有して、調停や審判における調整・判断の資料とすることを可能とするため、試行的実施に関する規律が明文化されました。

② 判決前・審判前・調停前の親子交流の試行的実施に関して、「子の心身」への配慮に関する規律が設けられました。

③ 判決前・審判前・調停前の親子交流の試行的実施に関して、事実調査に関する規律が設けられました。

1 令和6年改正前の実務の運用

父母の別居後又は離婚後、別居親と子との間の親子交流に関する事項は、父母の協議又は家庭裁判所の調停若しくは審判によって定められますが、調停手続又は審判手続が長期間を要し、その間、別居親と子との交流がない期間が継続することもあります。交流のない期間が継続することに対しては、その後親子交流の定めがされたとしても、子が当該別居親を受け入れにくくなり、結果として円滑な親子交流が困難となる、子が不安定な状態に置かれ、子に悪影響であるとの指摘がありました（中間試案補足説明・71頁）。また、実務上、その後の親権者指定や監護者指定の判断に対して不当な影響を与えているのではないかといった指摘もありました（中間試案補足説明・71頁）。

この点、令和6年改正前の実務では、家庭裁判所は、親子交流の審判事

件において、事実調査の一環として、家庭裁判所調査官に事実の調査をさせることができ（改正前人事訴訟法33条参照）、この調査の過程で、家庭裁判所調査官の関与の下で、当事者双方が同意していることを前提に、試行的に、別居親と子との交流を実施するといった運用がされてきました。これは副次的に調停成立又は審判等の前の段階で、別居親と子が交流することを実現する効果を有していました（中間試案補足説明・72頁）。もっとも、試行的面会交流は、その要件や基準、実施方法等を定めた明文の規定はなく、また、多くの場合は裁判所内の施設等において実施され、その場面を調査官が観察評価することが前提とされていました。このような試行的な親子交流の運用に対しては、同居親がこれに反対した場合には実施されない、また、当事者からの主張立証や家庭裁判所調査官による他の調査を経た後に実施される場合もあることから、別居親と子との交流がない期間が長期間にわたって継続するという事態を解消することはできていない、さらに、父母間の紛争性が比較的低く、親子間の関係性も悪くないような事案においては試行的面会交流が実施されないこともあるなどの問題が指摘されていました（中間試案補足説明72頁、部会資料29・29頁、同32頁）。

2　規律が整備された理由

　こういった指摘を踏まえ、中間試案では、親子交流等の子の監護に関する処分の審判事件又は調停事件において、調停成立前又は審判前の段階で別居親と子が交流をすることを可能とする新たな仕組みが提示されました（中間試案補足説明・70頁）。具体的には、試案①「急迫の危険を防止するための必要性」（家事事件手続法157条1項参照）の要件を緩和する方向での見直しをする考え方（中間試案補足説明・70頁3(1)ア）と試案②既存の保全処分や試行的な親子交流の運用とは別の新たな仕組みを創設する考え方（同頁(1)イ）というものでした。

　しかしながら、試案①に対しては、そもそもなぜ親子交流に関する事件

のみ審判前の保全処分の要件を緩和することが許容されるかが問題となり得るとの指摘がありました（部会資料29・31頁）。また、要件を一部緩和するとしても、試案①の手続が本案を認容したのと同じ状態（親子交流の継続的、定期的実施）を一時的に実現するものである以上、試案①の決定をするためには、審判前の保全処分一般に要求される「本案認容の蓋然性」を満たす必要があると考えられるため、試案①のような手続を設けても、本案認容の蓋然性についての審理には一定の時間を要することとなり、裁判所の判断が示される時期は、結果的には本案の判断がされる時期とさほど変わらない可能性もあると思われるとの指摘もありました（部会資料29・31頁）。

　試案②に対しても、その法的性質を整理する必要があり、試案②の新たな手続を、審判前の保全処分や試行的面会交流とは別の手続として位置付けるとすれば、現行の手続とは別に、そのような手続を創設することが手続法上なぜ許容されるのかについて、説明が必要となるものと考えられるとの指摘がありました（部会資料29・31頁）。また、試案②の手続による決定の効力と、その後に予定される調停又は審判との関係も整理する必要があると考えられ、試案②の手続による決定の効力が調停又は審判がされるまでの暫定的な効力しかないのであれば、その法的性質は審判前の保全処分とほとんど変わらないことになると思われるとの指摘もありました（部会資料29・31頁）。

　このような議論の状況で、令和6年改正前の実務における試行的面会交流に関する家庭裁判所の運用を踏まえると、調停の成立や本案の判断に向けた家庭裁判所による調整・調査の中で親子交流の試行的実施に関する手続を位置付けることが家庭裁判所の適切な審理運営にとって望ましいという考え方が示されました（部会資料29・31～32頁）。

　そこで、新たな規律として、調停成立前又は審判前の段階において、親子交流を試行的に実施し、その結果を裁判所や当事者双方が共有して、調停や審判における調整・判断の資料とすることを可能とするため、家庭裁

判所が、当事者に対し、事実の調査のための親子交流の試行的実施を促すことができる仕組みが設けられることとなりました。

3 「子の心身」への配慮に関する規律

　上記のとおり親子交流の試行的実施を促すことができる仕組みが設けられましたが、反面で親子交流の実施により、子の安全・安心が脅かされたり、子が父母の対立に巻き込まれたりするような場合には、かえって子の心身に悪影響を与えるおそれがあります。そのため、家庭裁判所が試行的実施を促すことができるのは、子の心身の状態に照らして相当でないと認める事情がない場合とされました（改正後人事訴訟法34条の4第1項）。

　また、事実の調査という観点から親子交流を実施する必要性があると認められるとしても、親子交流によって子自身が悪影響を受けるおそれがある場合もあることから、家庭裁判所は、試行的実施に際し当事者に対して子の心身に有害な影響を及ぼす言動を禁止することその他適当と認める条件を付することができるとされました（改正後人事訴訟法34条の4第2項）。

4 事実調査に関する規律

(1) 試行的実施の結果の報告

　親子交流の試行的実施が、事実の調査のために行われるものであることからすれば、その実施状況については、改正前家事事件手続法58条1項に基づき家庭裁判所調査官に調査を命じることができると考えられます。これに加えて、令和6年改正により、家庭裁判所が当事者に対して、試行的実施の結果の報告を求めることができるとする規律を設けることとされました（改正後人事訴訟法34条の4第3項）。

(2) 試行的実施に応じられなかった場合の理由の説明

　改正前の実務においては、試行的面会交流は、当事者双方が合意していることを前提に実施されていました。しかし、同居親が親子交流に消極的

な意向を示している場合であっても、家庭裁判所は、その背景事情を考慮しつつ、子の利益を最優先に考慮した上で望ましいと判断できる場合には、事案に応じて親子交流の実施を働きかけることがあり、当事者が家庭裁判所からの働きかけにより意向が変わることもありました（部会資料29・34頁）。そこで、令和6年法改正では、親子交流の試行的実施については、当事者双方がその実施に同意したことを要件とはしませんでした。

　このように、親子交流の試行的実施について当事者双方の同意を要しないとする場合、家庭裁判所が親子交流の試行的実施を促したものの、父母がこれに応じることができないという場面も想定されます。試行的実施に応じることができない理由は様々なものがあると考えられますが、親子交流の検討・調整にあたり、父母の状況、考え等試行的実施に応じられない理由や原因を裁判所が把握して当事者と共有することは、調停の成立や本案の判断にあたって有用であると考えられます（部会資料29・34頁）。そこで、事実の調査のための親子交流の試行的実施に応じることができない場合には、家庭裁判所がその理由の説明を求めることができるとする規律を設けることとされました（改正後人事訴訟法34条の4第3項）。

（岡本　知子）

第3章 親子交流等
2 裁判手続における親子交流の試行的実施

Q31 判決前・審判前・調停前の親子交流の試行的実施の内容について教えてください。

ポイント
① 家庭裁判所は、子の心身の状態に照らして相当でないと認める事情がなく、かつ、事実の調査のため必要があると認めるときは、当事者に対し、子との交流の試行的実施を促すことができます。
② 家庭裁判所は、交流の方法、日時及び場所、家庭裁判所調査官等の関与の有無を定めることができ、また子の心身に有害な影響を及ぼす言動を禁止すること等条件を付することができます。
③ 裁判所は、当事者に対し、親子交流の試行的実施の結果の報告を求めることができます。また、試行的実施をしなかった場合は、裁判所は、当事者に対し、その理由の説明を求めることができます。

1 家庭裁判所による親子交流の試行的実施の促し

　令和6年改正により、裁判所は、調停、審判、その他離婚訴訟等にて親子交流に関する申立てがされている場合において、子の心身の状態に照らして相当でないと認める事情がなく、かつ、事実の調査のため必要があると認めるときは、当事者に対し、子との交流の試行的実施を促すことができることが定められました（改正後人事訴訟法34条の4第1項、改正後家事事件手続法152条の3第1項、同法258条）。

　要件は、①子の心身の状態に照らして相当でないと認める事情がなく、かつ、②事実の調査のため必要があると認めるときとされています。

　①に関して、「子の利益」という文言は用いられていませんが、相当性を判断するにあたっては、親子交流の試行的実施が子に対して悪影響を与えることがないかを考慮すべきと考えられます。例えば、DVがある事案において、親子交流の試行的実施に際して父母の一方の安全・安心が脅かされることにより、子に悪影響を与えると認められるような場合に、親子

第1編 令和6年改正

交流の試行的実施が相当でないとされることが考えられます。

また、改正後家事事件手続法65条は、家庭裁判所は、未成年者である子がその結果により影響を受ける家事審判の手続においては、子の意思を把握するように努め、審判をするに当たり、子の年齢及び発達の程度に応じて、その意思を考慮しなければならない旨を定めています。この点、親子交流の試行的実施は審判そのものではありませんが、子の意思は「子の心身の状態」を把握するための重要な要素となると考えられるため、裁判所が、事案に応じて、子の年齢、発達の程度等も考慮し、適切な方法により子の意思・意向を把握することが望ましいといえます（部会資料30-2・24頁）。

なお、当事者双方が試行的実施に同意したことは要件とされていません（前記**Q30**参照）。

2 親子交流の試行的実施にあたり家庭裁判所が定める事項

また、令和6年改正により、家庭裁判所が、親子交流の試行的実施を促すに当たり定めることができる事項が具体的に整理されました（改正後人事訴訟法34条の4第2項、改正後家事事件手続法152条の3第2項、同法258条）。その内容は、①交流の方法、②交流をする日時及び場所、③家庭裁判所調査官その他の者の立会いその他の関与の有無を定めるとともに、④当事者に対して子の心身に有害な影響を及ぼす言動を禁止することその他適当と認める条件を付することができるというものです。

事案によっては、手続の早期の段階において、その状況に見合う形で親子交流を実施する、1回に限らず複数回にわたって親子交流を実施する、早期の段階における直接的な交流が困難な場合には間接交流を実施するなどして、その結果、経過を裁判所が把握し、当事者が共有して、親子交流の内容を検討することが、調停の成立や本案の判断にあたって有用であると考えられます（部会資料29・32頁）。そこで、試行的な親子交流を円滑に実施するために、家庭裁判所は、具体的に、直接交流、間接交流（電話

やウェブ会議などによる交流や子の写真、動画等を送付することによる交流等。**Q28**参照）などの実施方法や、日時・場所等の必要な事項について定めることができるものとされています。また、試行的実施の必要性や相当性を判断する前提として、試行的実施の際、家庭裁判所調査官、弁護士、面会交流の実施を援助する第三者機関の第三者の関与についても定められることとしました。家庭裁判所調査官の関与がなくても当事者同士で実施が可能な場合もあることから（部会資料35－2・18頁）、家庭裁判所調査官の関与は必須とはされていません。

　加えて、安全・安心な状態で親子交流の試行的実施をするため、子の心身に有害な影響を及ぼす言動を禁止するなど必要に応じて一定の遵守事項を定めることができるとしています。なお、立法過程において、家庭裁判所が定めた「子の心身に有害な影響を及ぼす言動を禁止することその他適当と認める条件」違反があった場合の効果や違反を防ぐための制度的な担保をどのように考えるかという点について問題提起がされました（部会資料35－2・18〜19頁）。この点については、例えば、条件に違反したことが、最終的に家庭裁判所の審判にあたり、子の安全に関する事情の一つとして、違反をした者に不利益に考慮され得る、また、再度の試行的実施の可否の検討において「子の心身の状態に照らして相当でないと認める事情」の有無の中で考慮され得るなど、その後の手続において違反行為が不利益に考慮され得ることが違反に対する抑止になると考えられます。

3　親子交流の試行的実施の結果報告、実施しない場合の理由説明

　家庭裁判所は、当事者に対し、親子交流の試行的実施の結果の報告を求めることができるとされました。

　また、当該試行的実施をしなかったときは、家庭裁判所は、当事者に対し、その理由の説明を求めることができるとされました（改正後人事訴訟法34条の4第3項、改正後家事事件手続法152条の3第3項、同法258条）。

　試行的実施は事実調査のために行われるものであり、家庭裁判所は報告

を受けて、親子交流の内容を検討します。他方、試行的実施の促しを受けた当事者が、様々な理由により、家庭裁判所が示した内容や条件等に応じることができない場面も考えられます。そのため、家庭裁判所は、家庭裁判所の定めた内容、条件等に応じることができなかった当事者に対して理由の説明を求め、親子交流の検討の判断材料とすることになります。理由の説明を求められた当事者が、この理由の説明も拒否した場合、最終的に家庭裁判所の審判にあたって不利益に考慮されるなど、その後の手続において不利益に考慮され得るものと考えられます。

(岡本　知子)

3 親以外の第三者と子との交流に関する規律

Q32 父母以外の親族と子との交流に関する規律が整備された理由を教えてください。

ポイント

① 面会交流の根拠となる改正前766条1項は「父又は母と子との面会」と規定しており、父母以外の者と子との面会交流については明文の規定がありませんでした。

② 父母以外の者と子との面会交流については、実務上、独自の権利や申立権について否定的な運用がされてきました。

③ 最高裁は令和3年3月29日決定で、第三者(母方の祖父母)の面会交流申立てについて、改正前766条の類推適用を否定して申立てを却下しました。

④ 父母以外の親族と子の交流及びその申立てに関する改正後766条の2が新設されたことによって、立法による一定の解決が図られました。

1 令和6年民法改正の経緯
(1) 面会交流に関するリーディングケース

　面会交流(かつては面接交渉と呼ばれていました。詳細は**Q28**を参照)について、平成23年民法改正(平成23年6月3日法律第61号)までは、明文の規定がありませんでした。面会交流に関するリーディングケースとなる東京家審昭和39年12月14日家月17巻4号55頁は、面会交流に必要な事項が改正前766条1項の子の監護をすべき者その他「監護について必要な事項」に含まれるとの判断を示しました。以後、実務ではこの審判の示

した枠組みに沿って父又は母と子との交流の実現を図ってきました。

(2) 父又は母と子との面会交流の明文化

平成23年民法改正によって、前記の改正前766条1項の文言が「子の監護をすべき者、父又は母と子との面会及びその他の交流、子の監護に要する費用の分担その他の子の監護について必要な事項」と改められ、面会交流の規定が明文化されました。

(3) 父母以外の者との面会交流ついての従前の運用

もっとも、平成23年改正後民法766条1項が「父又は母と子との面会及びその他の交流」と規定していたことから、平成23年民法改正によっても、父母以外の者と子との面会については、明文の規定がありませんでした。

父母以外の者と子との面会及びその申立てについて、学説上、肯定説（棚村政行「祖父母の面接交渉」判タ臨時増刊1100号（「家事関係裁判例と実務245題」）192頁～193頁、島津一郎＝阿部徹編「新版注釈民法（22）親族（2）離婚」（有斐閣、2008年）108頁～109頁）、と否定説（秋武憲一監修・髙橋信幸＝藤川朋子「子の親権・監護の実務」（青林書院、2015年）159頁）の双方が主張されていました。これに対し、下級審においては、父母以外の者からの子との面会の申立てに対してほぼ否定的な運用が継続されていました（京都家審令和元年8月15日WestLaw2019WLJPCA08156001、後記最決令和3年3月29日の原審判）。

そのため、父母以外の者が子と面会交流できるのは、父母の合意により、父又は母の面会交流の一部（立会者・補助者等）として、子に事実上会うことができる場合等に限られていました。

(4) 最高裁令和3年3月29日決定

そのような中、最高裁は祖父母による面会交流の申立てを却下する旨の決定をしました（最決令和3年3月29日裁判集民265号113頁）。

この事案は、申立人ら（未成年者の母方の祖父母）が相手方（未成年者の父）に対して申立人らと未成年者との面会交流について定める審判を申し立てたものです。未成年者の母が別居した後、申立人らと相手方が1週

間あるいは2週間ごとに交代で未成年者を監護しており、別居の約1年後に未成年者の母が死去した後は相手方が監護しているとの経緯がありました。最高裁は「父母以外の第三者は、事実上子を監護してきた者であっても、家庭裁判所に対し…上記第三者と子との面会交流について定める審判を申し立てることはできない。」と判示して、申立人ら祖父母の申立てを却下しました。

このように、父母以外の者が子との面会交流について定める審判の申立てが認められるか否かという問題は、令和6年民法改正前の段階では、父母以外の者の申立ては認められないとの上記最高裁決定で決着を見ました。

2 令和6年民法改正の経緯

令和6年民法改正に関する法務省法制審議会家族法制部会(以下「部会」といいます。)は、父母以外の第三者との面会について、「例えば、子が長年にわたって祖父母と同居し、両者の間に愛着関係が形成されていたような場面を想定したときには、父母と祖父母との関係が悪化した後も、引き続き子と祖父母との交流を維持することが子の最善の利益の観点から重要であるとの指摘」をしました(中間試案補足説明・64頁)。このような観点から、部会は法改正により父母以外面会の制度を設けることは上記最高裁決定に違背するものではなく(部会資料32-2・18～19頁参照)、応訴負担や濫用的な申立てに対する懸念は、申立てに適切な要件付けをすることによって回避しうるとして、一定の要件の下で家庭裁判所が父母以外の第三者と子との交流について定めをすることができる旨の規定の新設を提言しました。

この提言を踏まえて、部会は、父母以外の第三者との面会交流について、以下の家族法制の見直しに関する要綱案を取りまとめました(家族法制の見直しに関する要綱案・8～9頁)。

「親以外の第三者と子との交流に関して、次のような規律を設けるものとする[注1]。

第**1**編 令和6年改正

(1) 家庭裁判所は、父母の協議離婚後の子の監護について必要な事項を定め又はその定めを変更する場合において、子の利益のため特に必要があると認めるときは、父母以外の親族と子との交流を実施する旨を定めることができる。

(2) 上記(1)の定めについての家庭裁判所に対する審判の請求は、次に掲げる者（イに掲げる者にあっては、その者と子との交流についての定めをするため他に適当な方法がないときに限る。）がすることができる[注2]。

　ア　父母

　イ　父母以外の子の親族（子の直系尊属及び兄弟姉妹以外の者にあっては、過去に当該子を監護していた者に限る。）

(注1) 本文(1)及び(2)の規律は、民法第766条が準用されている他の場面（婚姻の取消し、裁判上の離婚、認知）においても同様に準用するものとする。また、父母が婚姻関係にない場面のほか、婚姻中の父母が別居する場面（本文第4の1参照）についても、本文と同様の規律の整備をするものとする。

(注2) 子の監護に関する処分の審判（父母以外の親族と子との交流に関する処分の審判に限る。）及びその申立てを却下する審判について、即時抗告（家事事件手続法第156条参照）等についての規律を整備するものとする。」

　なお、要綱案の決議に際しては、附帯決議として、「父母の別居・離婚後の子の養育に関する法制度や各種支援の在り方については、この部会において将来的な検討課題であると指摘された事項も含め、国民の意識や考え方の変化に応じた随時の検討が求められる。」（附帯決議第4項）との決議がなされています。

　この家族法制の見直しに関する要綱案を受けて、改正後766条の2が新設されました。

　このように、令和6年民法改正により、**Q33**（形式的要件）、**Q34**（実体的要件）で説明する要件の下で、一定の父母以外の第三者について子の交流、及びその申立に関する規定が整備されました。

（久保　俊之）

第3章 親子交流等
3 親以外の第三者と子との交流に関する規律

子との交流が認められる父母以外の親族の範囲について教えてください。

ポイント

① 改正後766条の2に定める申立権者は「父母以外の子の親族」です。「父母以外の子の親族」のうち、一定の範囲の親族には、当該親族と子との関係で要件が加重されます。
② 改正後766条の2より、「子の直系尊属及び兄弟姉妹」は、申立権者となります。
③ また、改正後766条の2より、「子の直系尊属及び兄弟姉妹以外の親族」は、「過去に当該子を監護していた者」のみが申立権者となります。

A　**1　親族の範囲**

　民法上、「親族」については民法725条に規定があります。民法725条によれば、「親族」とは、本人（子）との関係で①6親等内の血族、②配偶者、③3親等内の姻族に該当する者を指します。

　このうち、「血族」とは、相互に「血のつながり」（血統）があると認められる者をいいます（二宮周平編集「新注釈民法⒄親族1」44頁（床谷文雄））。また、「姻族」とは、自己の配偶者の血族または自己の血族の配偶者をいいます（二宮周平編集「新注釈民法⒄親族1」（有斐閣、2017年）45頁（床谷文雄））。

　以上をまとめると、次頁の図1のようになります。

2　子との交流が認められる父母以外の親族の範囲

　改正後766条の2が新設されたことによって、子の父母に加えて、一定の範囲の親族にも子との交流について申立権が認められました。図1の親族のうち、まず、①直系尊属（祖父母、曾祖父母、高祖父母等）、②兄弟

第1編 令和6年改正

〔図1〕

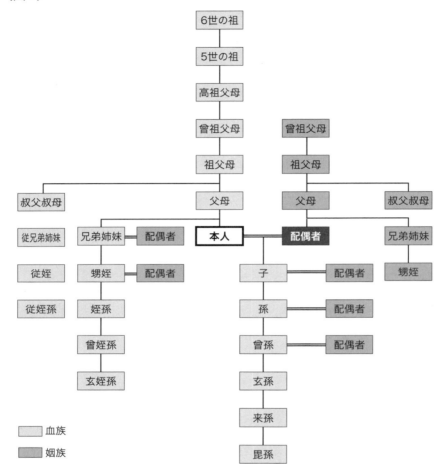

姉妹については、「父母以外の親族」として申立権が認められます。これらの関係にある親族は子の監護経験の有無を問いません（改正後766条の2第2項2号）。

次に、③甥姪、④叔父叔母等（4親等以下については省略）については、過去に子を監護していた者に限り、「父母以外の親族」として申立権が認められます（改正後766条の2第2項2号括弧書き）。

以上をまとめると、以下の図2のようになります（子は未成年のうちは婚姻をすることができないことから、図2では配偶者や卑属の記載を省略します。）。

〔図2〕

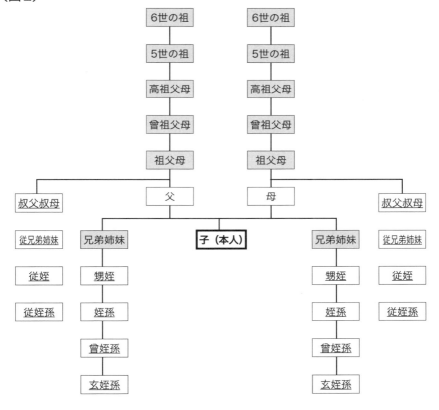

3 令和6年民法改正の経緯

令和6年民法改正に関する法制審家族法制部会（以下「部会」といいます。）において、申立権を有する父母以外の親族の範囲について、審議が行われました。そこでは、「子との交流に関する申立権者を父母以外の第

三者に認めることが望ましい場合があるとしても、過去に交流のなかった親族等も含めて多数の者から申立てがされることとなれば、子が多数の紛争に巻き込まれることとなり、子の利益に反する事態が生じるおそれは否定できない。」（部会資料32−2・21頁）として、子との交流が認められる父母以外の親族の範囲を限定することが検討されました。

　そして、子との交流が認められる父母以外の親族の範囲について、部会の中間試案では、「親以外の第三者が、親権者（監護者の定めがある場合は監護者）との協議により、子との交流をすることができる旨の規律を設けるもの」とした上で、「子との交流の対象となる第三者の範囲について、親族に限るとする考え方や、過去に子と同居したことがある者に限るとする考え方がある」として、子との交流が認められる父母以外の親族の範囲を限定することが検討されました（中間試案・10〜11頁）。この中間試案には、「例えば、監護者となり得る第三者の範囲を限定し、子の養育との関係で一定の関連性（例えば、親族関係や同居歴の有無など）を有することを要求すべきであるとの考え方がある」との補足説明もあります。（中間試案補足説明・63〜64頁）。

　その後の部会審議で、上記の理解を前提に、申立権者を「①直系尊属（祖父母等）、②兄弟姉妹、③その他の親族であって過去に子を監護していた者に限定する趣旨で」、子の交流が認められる父母以外の親族の範囲を「父母以外の子の親族（子の直系尊属及び兄弟姉妹以外の者にあっては、過去に当該子を監護していた者に限る。）」としました（部会資料35−2・20〜21頁）。

　この文言は要綱案及び改正法の条文においても維持されました。

　また、「祖父母等の直系尊属についても、過去に監護していたこと（監護実績）を要件とすべきであるとする意見」がありました。もっとも、この意見に対しては、「子と祖父母等との関係性には様々なものがあり得ることから、一律に同居を要求することは相当でないとする意見もあった」ことから、第三者の範囲として一律に同居を要件とすることとはされませ

第**3**章　親子交流等

3　親以外の第三者と子との交流に関する規律

んでした。そして、「「子の利益のため特に必要があると認めるとき」という実体的な要件の中で、当該第三者と子との従前の関係性、過去及び現在の交流状況、子の意思等を踏まえ、個別具体的な事情に応じて、交流をすべきか否か等を判断すべきである」とされました（部会資料35 − 2・21〜22頁）。

　加えて、「親族以外の者であっても、例えば、過去に子を監護していた「事実上の養親」や里親については、申立権を認める余地があるという指摘」もありました。もっとも、民法上、「事実上の養親」や里親に家庭裁判所に対する申立権を明示的に認めるものはないことに鑑み、「子との交流についての定めについても、これらの者に申立権を認めることについては慎重な検討を要する」とされ（部会資料35 − 2・21〜22頁）、最終的にこれらの者の申立権は規定されませんでした。

（久保　俊之）

133

第1編 令和6年改正

Q34 父母以外の親族と子との交流が認められる要件について教えてください。

ポイント

① まず、父母以外の6親等内の血族等である親族（詳細はQ33を参照）であることが前提になります。父母以外の親族のうち、子の直系尊属及び兄弟姉妹以外の者にあっては、過去に当該子を監護していた者に限られます。

② 次に、父母以外の親族と子との交流が認められるためには、子の利益のため特に必要があること（特別の必要性の要件）が必要となります。

③ さらに、父母以外の親族と子との交流が認められるためには、その親族と子との交流についての定めをするため他に適当な方法がないこと（補充性の要件）も必要となります。

A **1 特別の必要性の要件**

　　　　改正後766条の2第1項は、家庭裁判所が父母以外の親族と子との交流を実施する旨を定めることができる場合について、その親族の範囲を、父母以外の子の親族のうち、①「子の直系尊属及び兄弟姉妹」及び②子の直系尊属及び兄弟姉妹以外の親族で「過去に当該子を監護していた者」に限定しています（詳細は前**Q33**の解説を参照してください）。

　そして、同項は、これらの親族に該当し、かつ、これらの親族と子との交流が「子の利益のため特に必要があると認めるときは」と限定して、父母以外の親族と子との交流を定めることができる旨を定めています。この「子の利益のため特に必要があると認めるときは」という要件は、父母以外の親族と子との交流についての実体的要件として特別の必要性を要求するものといえます。

　特別の必要性を要求する理由としては、「家庭裁判所が父母以外の第三

者と子との交流を実施する旨を定める場面は、基本的には、父母間又は当該第三者と相手方となる父母との間に意見対立があるケースが想定されることになる。そうすると、家庭裁判所が（少なくとも一方の）父母の意思に反してでも子と当該第三者との交流を実施する旨を定めることが相当であるといえるのは、例えば、子と当該第三者との間に親子関係に準じた親密な関係が形成されているなどして、子の利益のために特に交流を認める必要性が高い場合に限られると考えられる」からであると説明されています（部会資料35－2・20頁）。

この説明からすると、特別の必要性の要件が問題となる想定されるケースとしては、子が親族と継続的に同居していた場合、あるいは子と同居していなくとも、その親族が父母の病気等で親代わりを担っていた場合等が考えられます。

2　補充性の要件

改正後766条の2第2項本文は、父母以外の子の親族が審判の請求をすることができる場合について、父母以外の子の親族（子の直系尊属及び兄弟姉妹以外の者にあっては、過去に当該子を監護していた者に限る。）にあっては、「その者と子との交流についての定めをするため他に適当な方法がないときに限る。」と規定しており、上記**1**の特別の必要性の要件に加えて、父母以外の親族と子との交流について補充性の要件も要求しています。

補充性の要件を要求する理由としては、「父母以外の第三者がその申立てをすることが子の利益の観点から必要となるのは、父母の一方の死亡や行方不明等の事情によって、父母間の協議や子と別居する父母からの家庭裁判所に対する申立てが不可能又は困難である場面が想定される。そして、このような場面で、応訴の負担や濫用的な申立てへの懸念等を踏まえると、父母間の協議や父又は母による申立てなど、他の適切な手段によって当該第三者と子との交流についての定めをすることができる場合には、当該第

三者自身による申立ては認めないこととすることが相当であると考えられる」からであると説明されています（部会資料35－2・20頁）。

　この補充性の要件について、法制審議会家族法制部会（以下「部会」といいます。）では、「祖父母等が過去に一定期間子を監護していたような事案を念頭に、父母双方が子と同居していて祖父母等と意見が対立している事案等においても、祖父母等による申立ての余地を残すべきであるとして、補充性の要件を厳格に要求することは必ずしも相当でないとする意見もあ」りました（部会資料35－2・21頁、部会33議事録30頁［池田清貴］）。

　もっとも、このような考え方によると、「相手方となる父母の応訴の負担が増加したり、子が多くの紛争に巻き込まれたりするおそれが生じることは避けられないと思われる」との意見もありました（部会資料35－2・21頁）。そして、「父母双方が子と同居している事案や、父母間の協議によって親子交流が円滑に実施されている事案において、祖父母等に子と交流する機会を求めて家庭裁判所に対する申立てを行う権利を認めることは、過度の介入となるおそれもあ」るとの指摘がありました。これらの指摘を踏まえ、部会では、父母以外の親族と子の交流が認められる場合について、「必要性の要件」に加えて、「補充性の要件」を定め、その範囲を限定することとしました（部会資料35－2・21頁）。

3　実務に与える影響

　このように、令和6年改正によって父母以外の親族と子の交流に関する規律が整備されました。

　しかし、この規律によっても、特別の必要性の要件に加えて、補充性の要件も要求されていることから、父母以外の親族と子との面会が認められる場合は、かなり限定されると考えられます。

（久保　俊之）

第4章 財産分与

1 財産分与の考慮要素の明確化

 財産分与で考慮される要素が明記されたことによる影響を教えてください。

> **ポイント**
> ① 財産分与の考慮要素について、「当事者双方がその協力によって取得し、又は維持した財産の額及びその取得又は維持についての各当事者の寄与の程度、婚姻の期間、婚姻中の生活水準、婚姻中の協力及び扶助の状況、各当事者の年齢、心身の状況、職業及び収入その他一切の事情」を考慮することが明文化されました。
> ② 改正後民法には具体的な考慮要素を示すことを通じて財産分与の中に清算的要素と扶養的要素とがあることを明らかにするという考え方が提示されています。
> ③ 「稼働能力」、「経済的不利益の調整」及び「離婚後の居住環境」など明記されなかった要素についても、「その他一切の事情」として個別具体的な事情に応じて考慮することを否定する趣旨ではありません。

第1編 令和6年改正

1 財産分与の目的について

まず、財産分与の考慮要素について定めている民法768条は改正前と改正後で以下のように異なっています。

改正前	改正後
第768条 （略） 2 前項の規定による財産の分与について、当事者間に協議が調わないとき、又は協議をすることができないときは、当事者は、家庭裁判所に対して協議に代わる処分を請求することができる。ただし、離婚の時から二年を経過したときは、この限りでない。 3 前項の場合には、家庭裁判所は、当事者双方がその協力によって得た財産の額その他一切の事情を考慮して、分与をさせるべきかどうか並びに分与の額及び方法を定める。	2 前項の規定による財産の分与について、当事者間に協議が調わないとき、又は協議をすることができないときは、当事者は、家庭裁判所に対して協議に代わる処分を請求することができる。ただし、離婚の時から五年を経過したときは、この限りでない。 3 前項の場合には、家庭裁判所は、離婚後の当事者間の財産上の衡平を図るため、当事者双方がその婚姻中に取得し、又は維持した財産の額及びその取得又は維持についての各当事者の寄与の程度、婚姻の期間、婚姻中の生活水準、婚姻中の協力及び扶助の状況、各当事者の年齢、心身の状況、職業及び収入その他一切の事情を考慮して、分与をさせるべきかどうか並びに分与の額及び方法を定める。この場合において、婚姻中の財産の取得又は維持についての各当事者の寄与の程度は、その程度が異なることが明らかでないときは、相等しいものとする。

　財産分与には、①婚姻中に形成された夫婦財産関係の清算の要素（清算的要素）、②離婚によって経済的に困窮する夫婦の一方に対する扶養の要素（扶養的要素）、③離婚に伴う損害賠償（慰謝料）の要素の3つの性質が含まれると解するのが一般的です。もっとも、改正前の規定は清算的要素の一部のみを例示するにとどまっており、財産分与の一要素である離婚後の扶養の要素が軽視され財産分与が少額にとどまるなどの弊害が生じているとの指摘がありました（部会資料24・33頁）。

　そこで、改正後民法では、財産分与において「当事者間の財産上の衡平

を図るため」という目的を示すとともに、具体的な考慮要素を示すことで財産分与の中に清算的要素と扶養的要素とがあることを明らかにするという考え方が提示されています（改正後768条3項）。

目的及び考慮要素の明文化によってこれまで軽視されていた扶養的要素が十分に考慮されることや、当事者の予測可能性が高まることが期待できます。

2　反対論の懸念事項

(1)　目的の明文化について

反対論の論者は、財産分与の目的の明示に対して、①扶養的要素は、女性は結婚によって家庭に入るべきとする性的分業観に基づく考え方であって、女性の社会進出が進んだ現在の社会の在り方とはそぐわないこと、②離婚後扶養の考え方は、養育費や年金分割等によっても一定程度実現されていること、③扶養的要素や補償的要素を考慮することによって、一方当事者が自己の収入を超えて過大な債務を負う可能性が生じること等について問題があるとして批判的な意見を示していました。しかし、上記①の指摘は、当事者双方に十分な収入がある場合など財産分与に当たって扶養的要素を考慮する必要が乏しい事案もあることを指摘するものにとどまり、およそ扶養的要素を考慮する必要がないことを示すものではないとも考えられます。上記②の指摘についても、養育費の支払や年金分割を考慮してもなお扶養的要素を考慮することが相当である場合もあると思われます。また、上記③の指摘については、財産分与に当たって「各当事者の年齢、心身の状況、職業及び収入その他一切の事情」を考慮することとされており、上記③のように過大な債務を負う可能性が直ちに生じるとはいえないという指摘もあり得ます（部会資料24・34頁）。

(2)　考慮要素の明文化について

反対論者は、考慮要素として明文化された事項については当事者から詳細な主張がされ、この点をめぐって審理が長期化する事態が生じるおそれ

があることについても懸念していました。

　もっとも、明文化の対象となった事項は、従前の裁判実務において、一般に考慮されていたものにとどまり、後述のとおり、個別事情に応じて考慮することが必要である事項については「その他一切の事情」等に含めるとして明文化されなかったことから、考慮要素を法定したとしても直ちに紛争を複雑化、長期化させるとまではいえないとも考えられます。

2　明文に含まれていなかった考慮要素等について

⑴　「稼働能力」、「経済的不利益の調整」及び「離婚後の居住環境」について

　法案の段階では、扶養的要素及び補償的要素を重視する立場から、「稼働能力」、「経済的不利益の調整」及び「離婚後の居住環境」を明記すべきであるとの意見がありました。

　しかし、前述の考慮要素が法定されると当事者から詳細な主張がされる可能性が高いことから、法定の必要性とともに、審理対象の拡大によって手続の迅速性が妨げられることがないかにも配慮すべきであるとされています。

　そして、「稼働能力」や「経済的不利益」について、逸失利益を算定する場合と同様にこれを詳細に計算することになれば、審理が複雑化、長期化するおそれがあり、さらに事案に応じて「婚姻中の生活水準」や「職業及び収入」として考慮することも可能であると考えられることから、上記のような懸念点も踏まえて、明示されませんでした（部会資料24・35頁）。また、「離婚後の居住環境」についても、財産分与において一方当事者の離婚後の居住環境の確保を考慮する必要があるか否かは、双方の生活状況や未成熟子の有無、当該子の生活状況等を踏まえて検討する必要があるといえるところ、離婚後の居住環境の確保を図るために一定の利用権を設定することなどを想定するとしても、他方配偶者や不動産取引の安全を不当に害することとならないよう、いかなる権利をいかなる期間設定するか慎

重に検討する必要があります。このように居住環境確保の必要性は個々の事情によって大きく変わり得ることからすると「離婚後の居住環境」を財産分与の考慮要素として明示することは相当でないと考えられます。

このほか法案段階では離婚後の居住環境については、財産分与の考慮要素として明記するにとどまらず、居住用不動産を保護する仕組みを取り入れるべきであるとする意見もありました。この意見を支持する立場からは、財産分与において居住用不動産の使用権に関する新たな権利を創設し、裁判所の判断によって、配偶者の生活を維持するために特に必要があると認めるときは、配偶者の居住権につき一定の法的保護を与える旨の規律を設けるとしています。しかし、離婚の場面において居住用不動産の使用権に関する新たな権利を創設することについては、相続における配偶者居住権と比較すると、被相続人が生前に黙示的に使用・収益を許諾していた場合が多い相続の場面とは異なり、離婚においては不動産所有者である他方配偶者との意見対立がある場合が多く、他方配偶者が自由にこれを使用・収益することができなくなることによって被る不利益が大きいと考えられます。そのため、所有者の意思に反してでもそのような利用権を設定することができるとする理論的な根拠や許容性が問題となり得ます。また、婚姻解消後に元夫婦間の法律関係を残すことは好ましくないとする考え方もあり得るところであり、DVや虐待等がある場合にも関係が続くことについて配慮が必要です。加えて、他方配偶者の利益や不動産取引の安全を不当に害することとならないように権利の存続期間をどのように設定するか、第三者との対抗関係をどのように考えるか、濫用の防止のために何らかの手当を置くべきか否か等も問題となります。以上の点から、離婚後の配偶者の居住の保護に関する規律についても明示の対象とされませんでした（部会資料24・36〜37頁）。

(2) 学資保険等の取扱い（「財産の性質」を考慮要素とすべきとする考え方）について

法案段階では、子どもの利益のために学資保険等の取扱いについては一

定の配慮をし、財産分与の対象から除外すべきであるとする立場から、「財産の額」に加えて「財産の性質」も考慮要素として明示すべきであるとの意見がありました。

もっとも、学資保険は契約者の財産であるとして、基準時における解約返戻金の額を財産分与対象財産とする考え方もあることから、この点についてはなお解釈に委ねるべきであるとの指摘もあります（部会資料24・36頁）。

⑶ 婚姻中の当事者間の財産管理に係る取決めを考慮要素とすべきとする意見について

共働きの夫婦等において、例えば夫婦で必要な生活費を出し合い、それ以外の財産は個別に管理するなど、婚姻中の財産の運用について取決めをしている場合も増えているとして、「婚姻中の当事者間の財産についての取決めやそれに対する当事者の意向」を財産分与の考慮要素として明記すべきであるとの意見もありました。

しかし、婚姻が実質的に継続している際にされた財産管理に係る取決めは、基本的に今後も婚姻関係が円満に継続することを前提にされた合意であると考えられることから、これを婚姻関係の破綻後の清算にそのまま反映させることが相当であるかについては疑問を差し挟む余地もあり、「取得又は維持についての各当事者の寄与の程度」や「婚姻中の協力及び扶助の状況」として考慮すれば足りるとされています（部会資料24・36頁）。

⑷ 結　語

以上のように上記の各事項については、明文化されていませんが、これらの明記されなかった要素についても、「その他一切の事情」として個別具体的な事情に応じて考慮することを否定する趣旨ではありません。よって個別の紛争の事案で特に考慮すべき場合には当事者からこれらの事項について主張がされ、裁判所がそれを考慮した上で財産分与の判断をするという点については従来と差があるものではありません。

（片桐　龍也）

第4章 財産分与
1 財産分与の考慮要素の明確化

Q36 婚姻中の財産の取得又は維持についての各当事者の寄与の程度について、「異なることが明らかでないときは、相等しいものとする」と明記されたことによる影響を教えてください。

ポイント

① 寄与度について、「異なることが明らかでないときは、相等しいものとする」という推定が明記されました。
② 現行の裁判実務における寄与分の取扱いを明文化したものです。
③ 原則として2分の1と規定されていることから、他の考慮要素と併せることで、ほとんどの場合において、収入が低い女性側の協力の程度が低く見積もられるおそれがあります。原則的に寄与分を2分の1と定めることで、却って原則と例外を逆転させる議論に進むおそれもあります。

1 財産分与の法的性質

改正民法において明文化された考慮要素のうち、「当事者双方がその協力によって取得し、又は維持した財産の額及びその取得又は維持についての各当事者の寄与の程度」は、清算的要素の考慮事情であるとされています。

もっとも、財産の取得又は維持についての寄与の形態には様々なものがあり、例えば、生計を得るための勤労活動と家計の管理その他の家事労働のように、その性質が異なるために双方の寄与の程度を比較することができない場合もあります。このような場合には、当事者間の衡平の見地から、双方の寄与を対等とすることが相当であることから改正後民法においては、財産分与の許否及び額を定めるに当たって、財産の取得及び維持に対する寄与の程度が異なることが明らかでないときは、寄与の程度を相等しいものとすると明記されました。

改正後民法は現行の裁判実務の取り扱いを明文化したものであり、原則的な基準として明確化することで財産分与の迅速な審理に資することが期待できます。

2　反対論の懸念事項

反対論の論者は、明文化することで寄与分の例外を認めることになるかもしれない点を懸念しているようです。

すなわち、**Q35**で述べたとおり、改正後民法では財産分与の額を定めるにあたり様々な事情を考慮するとされているところ、財産分与についてはほぼ2分の1の結論になっており、様々な事情を考慮して定めることとすれば、財産分与の審理が相当に長引くことが予想され、ほとんどの場合において、収入の低い女性側の協力の程度が低く見積もられる可能性があると考えているようです（部会資料30－1・266頁）。原則的に寄与分を2分の1と定めることで、却って原則と例外を逆転させる議論に進むおそれがあり、不相当であるとしていますが、この点について実務でどのように扱われるかは注目していく必要があります。

3　寄与分の例外

改正前の民法下において、寄与分について例外的な判断をした裁判例としては、夫婦の共有財産となるゴルフ会員権の購入代金の大部分が、夫の所持していた株式など特有財産の売却によるものであったという事情から、ゴルフ会員権は分与の対象とはなるものの、分与割合は3割6分にとどまると判断したものがあります（東京高判平成7年4月27日家月48巻4号24頁）。

また、夫婦の双方がアーティストとして活動して収入を得ていたが、妻が一定期間活動を休止して家事に専念していたという事例では、財産が夫婦別管理となっているため共有財産のみを分与の対象とすることとしながら、妻が一時期無収入となっていて家事に専念していたことから折半では

不公平であることを考慮し、分与割合を「6：4」に修正すると判断しました（東京家審平成6年5月31日家月47巻5号52頁）。

上記のように共有財産形成の経緯や稼働状況などから分与割合を2分の1とすることが公平性を欠くような場合は調整されると考えます。

改正法下での審判例等はまだ存在しませんが、現行法下のルールを変更する趣旨ではないことから、明記された考慮要素に反しない限り、改正法下でも同じ結論になると予想されます。

（片桐　龍也）

第1編 令和6年改正

2 財産分与の期間制限

Q37 財産分与の期限が離婚後2年から5年に延長された理由を教えてください。

ポイント

① 財産分与の期間制限について、民法768条2項ただし書に定める期間が2年から5年に伸長されました。
② 改正前民法においては、財産分与の期間制限については除斥期間であると解釈されていますが、期間が伸長された改正後民法においてもこの解釈が変わるものではありません。
③ 期間の伸長に伴い、分与対象財産の散逸や資料収集の困難化による審理の長期化等の懸念点も指摘されていますが、情報開示義務の規程（改正後家事事件手続法152条の2第2項、Q38～40参照）により資料収集についての弊害は一定程度解消することが期待できます。

1 財産分与の期間制限の伸長について

改正前後の民法768条の規定はQ35の対照表のとおりです。改正前768条2項ただし書は、財産分与請求権について2年の期間制限を定めていましたが、離婚前後の様々な事情によって2年以内に財産分与を請求しなかった場合、財産分与の請求権が失われることから、結果的に経済的に困窮するに至っている者がいるとの指摘がありました。

ところで、財産上の請求について一定の期間制限を設けるにあたっては、当該請求権の法的性質に加え、法律関係の早期安定の要請、期間制限によって失われる本来の権利者の利益、民法上の他の請求権の期間制限とのバランス等も考慮する必要があると考えられています。財産分与の法的

性質について、夫婦の潜在的な共有財産の清算が中心であることには概ね異論がないところ、物権的な権利が消滅時効にかからないことと比較して、短期の期間制限を設けることが相当であるかが問題となり得ます。また、①DV事案等においては被害からの回復に相当な期間を要するため3年の期間では不十分であること、②財産分与が夫婦の実質的な共有財産の清算として物権的性質も有していること、③相続回復請求権の期間制限（民法884条）や養育費の支払請求権の消滅時効期間（同法166条）等との整合性との観点から、改正民法では、財産分与の期間制限を一般債権の消滅時効期間と同様の5年としました（部会資料24・39頁）。

　請求期間の伸長により、離婚後の混乱や紛争によって上記期間内に請求することが困難な者や財産分与の期間を徒過したことによって経済的に困窮している者の解消に繋がることが期待できます。

2　期間制限の法的性質

　改正前民法における財産分与の期間制限については除斥期間とされていました。改正後民法においてはこの期間を伸長したにすぎないので、法的位置づけについては改正前と同様に除斥期間であると考えられます。

3　伸長期間を3年とする意見等

　法案段階では、財産分与の期間制限を3年とすべきとする意見や期間を伸長すべきでないとする意見がありました。

　これらの意見の理由としては、①離婚に伴う法律関係の早期安定に配慮すべきであること、②不法行為に基づく慰謝料請求権の消滅時効期間と合わせるべきであることが挙げられていました（部会資料24・38頁）。

　しかし、これらの意見については、財産分与において債権一般の消滅時効期間よりも短い期間制限を定める合理性をどのように説明するかが問題となるものの、その合理性を、離婚に伴う法律関係を早期に安定させることが望ましいという点にのみ求めるものであると考えられます。もっとも、

第1編 令和6年改正

　上述のように現実に離婚に伴う混乱やDV被害等によって財産分与の期間制限を徒過し、経済的困窮に陥る離婚当事者が存在しているとの指摘があることを踏まえると、離婚に関する種々の紛争の中で財産分与についてのみあえて短期の期間制限を定める合理性を十分に説明できているかについては疑問もあり得ます（部会資料24・39頁）。

　そこでこれらの意見は改正後民法においては採用されませんでした。

4　期間の伸長に伴う懸念事項

　財産分与の期間制限を5年に伸長した場合には、①離婚後の父母間の紛争が長期化すること、②分与対象財産が5年先まで維持されているとは限らず、場合によっては借金をしてでも分与額の支払をする必要があること、③財産分与の裁判手続において相当期間を遡って審理をすることを要し、その間に分与対象財産が散逸し資料収集が困難となることの懸念点も指摘されています。

　これらの懸念点を解消するために、分与対象財産が実質的には夫婦の潜在的な共有財産であるという清算的要素の考え方を踏まえ、財産の散逸が生じる前に財産分与について、まずは当事者間で合意が得られるよう協議すべきであるといえます。また、後記の「財産に関する情報の開示義務に関する規律」のとおり、財産分与の裁判手続において情報開示義務に関する規定を設けることにより、資料収集の困難についても一定程度解消することができると考えられます（部会資料24・39頁）。

（片桐　龍也）

3 財産分与の裁判手続における情報開示義務

Q38 家事審判手続における財産開示義務の内容、対象事件を教えてください。

ポイント
① 本改正により、財産状況について手続法上の開示義務を設けた上で開示の命令制度が制定されました。
② 開示を求められる資料は、手続進行の状況により異なり、当該状況に照らして財産分与の算定に際して必要な資料が要求されます。
③ 対象事件は、財産分与に係る調停や審判、離婚に付された附帯処分としての財産分与の申立てです。

1 財産開示義務の経緯及び趣旨

　　家事審判手続における財産開示義務は、本改正によって追加された家庭裁判所の命令（改正後家事事件手続法152条の2第2項）による、当事者に対する財産開示命令に基づく義務のことを指称します。改正前民法の財産分与における財産開示は、双方の協力により任意に開示されることが想定される運用となっておりました。しかしながら、「婚姻中から財産の管理は夫婦それぞれが行うような生活様式が増えており、お互いに相手方の名義の財産を把握することが困難な場合がある」（部会資料24・40頁）との指摘がありました。また、副次的な手段として弁護士会照会（弁護士法23条2項）や、家庭裁判所の調査嘱託手続（家事事件手続法62条、同64条・民事訴訟法186条）がありましたが、相手方が口座を開設している金融機関が特定されていない場合には、このような手続を採ることもできませんでした（秋武憲一「第3版　離婚調停」（日本加除出版、2018年）

313頁）。もっとも、財産分与が、「夫婦が婚姻中に有していた実質上共同の財産を清算分配」（最判昭和46年7月23日民集25巻5号805頁）するものであることからすれば、その分与額や方法を計算するにあたって、双方の現在の財産状況を確認する必要があることは明白です。そのような趣旨から、本件の改正により、初めて強制力を持つ財産開示命令の申立てが整備されるに至りました。

2　財産開示義務の概要

　財産開示命令は、家庭裁判所が「必要があると認めるとき」に、申立て又は職権により発されます（改正後家事事件手続法152条の2第2項）。具体的に「必要があると認めるとき」とは、相手方が財産分与の算定に必要となる資料の開示を拒否する場合や、任意に開示した相手側の資料のみでは、財産分与の対象となる財産を確定することができない場合などが考えられます。実際、財産分与の「対象となる財産の種類については、特に限定はな」く（窪田充見「家族法　民法を学ぶ　第4版」（有斐閣、2019年）118頁）、相手方の協力が得られないような場合には、配偶者の従前の知識のみで相手方の財産状況を正確に把握することは困難といえます。したがって、そのような場合には開示義務が認められる可能性が高いと考えられます。

　財産開示義務の対象は、「財産の状況に関する情報」の開示（同項）と規定されております。このような規定ぶりにされたのは、「当事者がどのような資料を保有しているかがおよそ判明していない場面においては、例えば一覧表等の形で、広くその者が保有する財産の種類や金額等に関する情報を明らかにさせることが有用であり」、「他方で特定の財産の存否や金額等が問題となっている場面においては、当該財産の内容や金額に係る裏付資料等を開示させることが有用であると考えられ」、「どのような情報の開示を命ずることが審理の促進につながるかは、個別具体的な事案の内容や手続の進行状況によって異なるものであると考えられるから、開示すべ

き情報の内容については事案に応じた柔軟な対応が可能」となるようにするためとされます（部会資料30－2・27頁）。また、財産分与が問題となるのは、既に婚姻関係が破綻した後であって、当事者のプライバシーにも配慮が必要です（前掲部会資料30－2・141頁）。いずれにせよ、財産開示義務を定める趣旨に照らし、財産分与の対象を確定するために必要となる範囲での開示のみが認められると考えるのが相当でしょう。

そして、制裁として、財産開示命令を発出された当事者が正当な理由なく情報を開示せず、又は虚偽の情報を開示した場合には、10万円以下の過料に処されます（改正後家事事件手続法152条の2第3項）が、詳細はQ40に譲ります。

3　財産開示義務の対象事件

財産開示義務の対象事件は、広範に及びます。法律上は「財産の分与に関する処分の審判事件」（改正後家事事件手続法152条の2第2項）、「離婚についての調停」（改正後家事事件手続法258条3項、152条の2第2項準用）に離婚の訴えの附帯処分として財産分与に関する処分の申立てがなされた場合についての財産分与の申立て（改正後人事訴訟法34条の3第2項）においても及ぶということが規定されております。この点、法制審議会で、最初は財産分与の家事審判及び調停のみが財産開示命令の対象事件であったところ、実質的には離婚の訴え等における附帯処分としての財産分与に関する処分の申立てにまで拡張するべきとの議論がなされた結果により、追加されるに至りました。

なお、「夫婦間の協力扶助に関する処分の審判事件」等（改正後家事事件手続法152条の2第1項1号）についても、情報開示命令及び情報開示義務についての規定が新たに定められました。こちらの規定においては、「収入及び資産に関する情報」を開示することが求められております(同号)が、当該開示命令を求めている事件が扶養・婚姻費用の分担、子の看護費用等である（同項各号）ところ、今後支払う費用の基礎となるのが収入である

ことからこのような記載ぶりとなっていると考えられます。一方、財産分与においては、夫婦関係の存続中に既に築きあげた財産を分配するという点に焦点が向いており、差異が見られます。

　もっとも、財産分与の基礎額を算定する際にも、特に夫婦関係が破綻したとする日に争いがあるような事案については、双方の主張の共有財産の額が異なることは十分想定され、日々変わる財産状況を正確に把握するためには収支を把握することは不可欠であり、結果として収支報告書等が要求される可能性が高いです。結局のところ、前述のように、当該事案において、財産分与基礎額の算定のために必要な限りで財産開示命令が認められると考えるのが相当であり、その運用については今後の裁判実務を注視する必要があります。

（久田　一輝）

第4章 財産分与
3 財産分与の裁判手続における情報開示義務

Q39 財産開示命令を受けた当事者がどのように対応すればよいか教えてください。

ポイント

① 財産開示命令が発された場合、原則として、発された開示命令の内容に従い、自己の財産状況について、開示をする必要があります。

② もっとも、何らかの理由により財産開示を拒絶する場合には、「正当な理由」があることを基礎づける事情があることを確認する必要があります。

③ 仮に、自己の財産状況を開示したくないと考えたとしても、虚偽の情報を開示することは過料を受ける可能性が生じるため、避けましょう。

A

1 財産開示命令の効果

財産分与事件において、財産開示命令（改正後家事事件手続法152条の2第1項等）が発された場合、手続法上の財産開示義務が発生することとなります。財産開示命令は、本改正により規定された命令であり、財産分与事件において、その分与額の算定の基礎となる資料について、任意での開示に応じない場合に対応する手段として財産分与の算定の基礎額を確定するために必要な範囲での開示が求められるのが通常です（改正後人事訴訟法34条の3、改正後家事事件手続法152条の2第1項。詳細はQ38をご参照ください。）ので、開示義務者が、その命令に従い、自己の財産状況について開示を行う必要があります。

もっとも、例えば、「自身の財産の一覧表」の作成を求められた場合、作成を求められた当事者自身では裁判所が求める表を作成することが難しかったり、どの財産が夫婦共有財産として財産分与の対象となるかについての判断が困難であったりする可能性があります。

153

2 「正当な理由」の検討

　では、必ず財産状況の開示をしなければならないのでしょうか。

　この点、「正当な理由」があって開示をしない場合には、過料に処されることはありませんので、「正当な理由」の有無を検討する必要があります。「正当な理由」については、その解釈について、明文の規定がなく、加えて、法制審議会においても議論が深められていない論点ではありますが、個別具体的な事案に応じて裁判所の判断に委ねられるべき事柄であると考えられます。もっとも、本財産開示手続と同様に、事実の開示及び証拠化を目的とする手続法上の作為義務を求め、「正当な理由」がある場合にその免除を認めるという類似性があることから、民事訴訟における証人尋問に関する類似の規定（民事訴訟法192条、193条、200条、201条5項）を参考に解釈することが考えられます。すなわち、一般論としては、開示義務者が財産状況に関する開示をすることで刑事訴追を受け又は有罪判決を受けるおそれがあると主張して、その情報開示を拒んだ場合には、個別具体的な事案における事実と証拠に基づいて、この「正当な理由」があるかどうかについて判断されることとなると考えられます。したがって、自己が開示を拒否する理由が前記のようなものである場合には、「正当な理由」が存在し、自身が開示を拒否することが、財産開示義務違反を構成しないことを意見書等の形で裁判所に対して主張する必要があると考えられます。無論、上述のような状況に該当する事例は少ないため、基本的には財産開示命令に従い、自己の財産状況について開示をする必要があると考えられます。また、文書提出命令において、開示の対象から外されている文書（家事事件手続法64条1項、民事訴訟法220条各号）について、財産開示命令において提出が認められてしまうと、同規定の趣旨を没却してしまうので、かかる文書に該当する文書についても、同様に参考になると考えられます。

3 財産開示義務違反

　財産開示義務違反（正当な理由なく財産を開示しないか、又は虚偽の情

報を開示した場合）については、改正後家事事件手続法152条の2第3項及び改正後人事訴訟法34条の3第3項において、10万円以下の過料が科せられております。過料は、刑罰である罰金とは異なる行政罰ですので、いわゆる前科前歴が付くということはありません。

　もっとも、財産分与の審理中に開示命令が出され、その命令にも従わないという態度は、判断者である裁判官や調停員に対して、当該文書を提出できないことにより、心証を悪化させる等の事実上の影響を及ぼす可能性があります。そのような意味でも開示命令には従うのが相当でしょう。実際に、令和6年改正前の裁判実務においても、裁判所が事実の調査として財産の開示を求めたにもかかわらず、一方当事者が頑なに財産開示に応じない場合、他方当事者の主張に相応の合理性があれば、手続の全趣旨により、当該主張を前提として財産分与についての判断がされる場合もあることが指摘されています（東京家事事件研究会編「家事事件・人事訴訟事件の実務～家事事件手続法の趣旨を踏まえて～」（法曹会、2015年）372、373頁）。この点について、令和6年改正後も、家庭裁判所が、開示義務違反の事実を手続の全趣旨をして考慮して事実認定を行うことは、新たな規定を設けるまでもなく当然に行うことができる（部会資料37－2・5頁）とされており、引き続き同様の影響があるものと考えられます。

（久田　一輝）

第1編 令和6年改正

> **Q40** 財産開示命令に違反した場合、虚偽の報告をした場合はどのような罰則があるかを教えてください。

ポイント
① 制裁として、10万円以下の過料が規定されております。
② 事実認定に影響を及ぼすような制裁は規定されておりませんが、開示命令に従わないことを、財産分与の判断において事実上考慮される可能性があります。
③ 過料が課されるためには、実務上開示命令の申立者が裁判所に対して意見書の提出をした上、働きかけることが想定されます。

1 財産開示義務違反の罰則

財産開示命令が発された場合、正当な理由なくその情報を開示せず、又は虚偽の情報を開示したときは、10万円以下の過料に処すると定められております（改正後家事事件手続法152条の2第3項・2項、改正後人事訴訟法34条の3第3項・同2項）。

法案検討段階においては、過料は、開示義務に応じないほうが経済的に有利になる場合があるため実効性に欠くという意見があり（部会31議事録25頁［今津幹事］）、一方で、実効性を確保するという観点から、手続の全趣旨に照らして、開示を求める者が主張する財産の額を認定するという規定を定めた方が実効的だという見解もありました。もっとも、本財産開示命令は、調停においても発出される可能性があるところ、調停は裁判と異なり、裁判所が事実を認定して判断するのではなく、両当事者の合意により終結するものですので、「不利益認定という制裁がなじむのか」（部会資料24・42頁）との見解もあり、事実認定に関する規定の明文化は見送られました。

しかしながら、「要綱案（修正案）」の中ではこの点に関する特段の記載はしていないものの、家庭裁判所が養育費等の算定の基礎となる当事者の

収入や財産分与の対象となる財産の額等について判断するに当たり、情報の不開示や虚偽情報の開示といった手続経過をも手続の全趣旨として考慮して事実認定をすることは、新たな規定を設けるまでもなく、当然に行うことができると考えられる。」（部会資料37－2・5頁）とされており、実務の運用としても、財産開示義務に従わないことにより、事実上不利益な事実認定がされる可能性が相当程度高いことを示唆しております。

　なお、この不利益な事実認定は、あくまでも事実上の不利益であり、上述した過料という行政罰とは質的に異なるものであるので、その点ご留意ください。

2　過料がなされる場合

　以下では、過料がなされる場合について概説します。

(1)　正当な理由なくその情報を開示せず、又は虚偽の情報を開示した

　財産開示義務によって提出を求められた財産に関する情報について、正当な理由なくその情報を開示しない場合又は虚偽の情報を開示した場合に、過料が科されることとなります。

　正当な理由の有無については、個別具体的な事案に応じて裁判所の判断に委ねられるべき事柄ではありますが、民事訴訟における証人尋問に関する類似の規定（民事訴訟法192条、193条、200条、201条5項）を参考に解釈されると考えられます。すなわち、一般論としては、開示義務者が財産状況に関する開示をすることで刑事訴追を受け又は有罪判決を受けるおそれがあると主張して、その情報開示を拒んだ場合には、個別具体的な事案における事実と証拠に基づいて、この「正当な理由」があるかどうかについて判断されることとなります。

(2)　家庭裁判所の決定

　本規定に基づく過料は、刑事罰ではなく行政罰となります。したがって、非訟事件手続法の準用があり（改正後家事事件手続法291条2項、ただし検察官は同手続から排除されるため、検察官に関する規定については除外

されます（同項括弧書き））、原則として同法の規定に従って手続が行われることになります。

　過料事件の当事者（被審人）となるのは、開示義務者であります。過料事件は裁判所が職権により開始するため、財産開示命令の発出された事件の当事者は、その申立権はないものの、職権発動を促すことができると考えられます。実際、旧法下の民事執行法上の財産開示義務違反における過料事件において、東京地裁民事執行センターでは、債権者が過料の申立てをする権利はないものの、債権者から過料の制裁を行う旨の希望を意見書として提出し、それを受けて過料の制裁を立件するかを審査し、債権者が希望すればその結果を通知するという運用がなされておりました。本改正により規定された財産開示義務違反に対する過料の制裁についても、同様に、財産開示の申立者（又は開示義務が課された者の相手方）は、同様に制裁を求める旨の意見書を管轄の家庭裁判所を提出する運用を行う可能性があると考えられます。

　裁判をする前には、当事者（被審人）に陳述の機会を与えます（非訟事件手続法120条2項準用）。また、略式手続によることも可能であります（非訟事件手続法122条準用）。

　過料についての裁判は、理由を付した決定においてなされます（非訟事件手続法120条1項、54条準用）。当該決定において、手続費用の負担の定めをする必要があります（非訟事件手続法120条1項、民事訴訟法67条1項及び非訟事件手続法28条、準用）。

3　不服申し立て

　過料についての裁判に対しては、決定の告知を受けた日から1週間の不変期間内に、当事者により即時抗告することができます（非訟事件手続法120条3項）。

4 執 行

　家庭裁判所の裁判官の命令により過料の裁判が執行され、当該命令は執行力のある債務名義と同一の効力を有することとなり（改正後家事事件手続法291条1項）、その執行においては民事執行法上の規定に従うことになります（非訟事件手続法121条2項本文）が、執行前の裁判の送達は不要となります（同項ただし書）。

（久田　一輝）

第5章 その他

1 未成年養子縁組及びその離縁の代諾に関する規律

 未成年養子縁組及びその離縁の代諾に関して改正が行われた経緯を教えてください。

ポイント

① 未成年養子縁組について、実態として多数割合を占める連れ子養子の場合に養子縁組後の養親等による監護養育が不適切な場合が想定されることから、今般の改正ではこのような場合に適切な対応ができるための規律を整備するに至ったものです。

② 具体的な方策としては、実父母の代諾による養子縁組の場合において、養子縁組をするかどうかについて（親権を有する）実父母の意見が対立するときに家庭裁判所の関与する仕組みを整備するとの考え方が採用されています。

③ 令和6年改正において離婚後の親権者についての民法819条の規定が改正されるに至ったことから、これに平仄を合わせる形で離縁後の法定代理人となるべきものを定める現行民法811条の規定についても改正されるに至ったものです。

第5章 その他
1 未成年養子縁組及びその離縁の代諾に関する規律

A 　令和6年改正では、未成年養子縁組及びその離縁の代諾に関する規律について、主に①養子縁組の代諾を父母が共同行使する場面において、協議が調わない場合に家庭裁判所が父母の一方において単独で代諾をすることができる旨の裁判をすること、②養子となる者の父母でその監護をすべき者であるもの又は親権を停止されているものが縁組の同意をしない場合に、家庭裁判所において同意に代わる許可を与えることができるものとすること、③民法811条2項の場合において、養子の父母が離婚しているときは、その協議により父母の双方又は一方を養子の離縁後にその親権者となるべき者と定めなければならないとすること、及びこの協議が調わない又は協議をすることができない場合に、家庭裁判所が協議に代わる審判をすることができるものとすること、の3点について、改正がなされました（具体的な改正内容は後記**Q42**参照。）。

　未成年の養子縁組については、いわゆる連れ子養子（配偶者の直系卑属を養子とする養子縁組）が相当程度の割合を占めているのが実態と考えられるところ、このような養子縁組がされた後に、養親及びその配偶者である実父母の一方による養子の監護養育等が不適切であり、養親らの親権者としての適格性に問題があるような場合も想定されるところです。今般の改正は、このような場合に適切な対応ができるための規律を整備するためなされたものとされています。

　中間試案においては、未成年養子縁組の成立の場面において、家庭裁判所の関与を拡大させるような方向での考え方も示されていたところですが、全ての未成年養子縁組において一律に家庭裁判所の許可を必要とすることには慎重な検討が必要との指摘がされる一方、未成年養子縁組において子の利益を確保するための方策としては、①実父母の代諾による養子縁組の場合において、養子縁組をするかどうかについて（親権を有する）実父母の意見が対立するときに家庭裁判所の関与する仕組みを整備するとの考え方や、②普通養子縁組後に子の利益のため必要があるときは、その親権者を養親から実父母の双方又は一方に変更することを認める方向での考

え方が示されました。令和6年改正では、このうち①の考え方に基づき、家庭裁判所の関与する仕組みを整備するに至ったものです。

　併せて、今般の改正において、父母の離婚後その一方のみが親権者となる旨を定める現行民法819条について、離婚後の父母双方を親権者とすることができるようにする旨の法改正を行っていることに照らし、未成年養子縁組の離縁後の親権者（法定代理人となるべき者）を定める現行民法811条の規定についても、同様に離婚後の（実）父母の「双方」が「養子の離縁後にその法定代理人となるべき者」と定めることを可能とする旨の整備に至ったものです。

（根本　達矢）

第5章 その他
1 未成年養子縁組及びその離縁の代諾に関する規律

 Q42 具体的にどのような点が明確化されたのか教えてください。

ポイント

① 未成年養子縁組につき、法定代理人の意見が対立した場合の規定が制定され（改正後797条3項、4項）、子の利益を図ることが明確化されました。
② 養子縁組の離縁につき、離縁後の親権者の規定が明確化されるとともに離縁後の親権者を判断する際の要素が規定され（改正後811条2項、4項）、子の利益を図ることが明確化されました。

A 1 未成年養子縁組につき、改正前797条では「その法定代理人が、これに代わって縁組の承諾をすることができる」と規定していました。養子となる者が15歳未満である場合、縁組に関する十分な判断能力を有していないため、子の利益に適う判断をすることが期待されている親権者が縁組の承諾を代諾することで子の利益を確保するのが規定の趣旨とされています。そして、父母双方が親権者である場合には代諾は共同して行う必要があり、父母双方の意見が対立した場合には代諾はできず、養子縁組は成立しないと解されています（部会資料28・16頁）。

民法改正に伴い離婚後の父母双方が親権者となり得る場合に、父母双方の意見が対立するために養子縁組が成立しないとすると、子の利益の確保を図れない場合が生じ得ます。

そこで、養子縁組をすることが子の利益のため特に必要であるにもかかわらず、養子となる者の父母でその監護をすべき者である者が縁組の同意をしないときは、家庭裁判所は、養子となる者の法定代理人の請求により、その同意に代わる許可を与えることができるものとすること（改正後797条3項前段）で子の利益を図ることを明確化しました。そして、養子とな

第1編 令和6年改正

る者の父母で親権を停止されているものが縁組の同意をしないときも同様とすると規定（改正後797条3項後段）し、子の利益を図ることを明確化しました。

また、縁組の承諾に係る親権の行使についても、父母間で協議が調わない場合に子の利益のため特に必要があると認められるときは、家庭裁判所が、父又は母の請求により、当該事項に係る親権の行使を父母の一方が単独ですることができる旨を定めることができるものとすること（改正後797条4項）で子の利益を図ることを明確化しました。

2 養子縁組の離縁においては、改正前811条2項において養子の離縁後の親権者を「一方」と規定していましたが、共同親権の導入に伴い、改正後811条2項において「双方又は一方」と規定されました。

また、改正前811条4項においては協議上の離縁につき協議を行うことができないときは家庭裁判所が協議に代わる審判をすることができる旨規定していましたが、改正後811条4項においては親権者を「双方又は一方」に定める判断を行うにあたっては、改正後819条7項を準用し、子の利益のため、父母と子との関係等一切の事情を考慮して判断を行うことを規定し、子の利益を図ることを明確化しました。

3 また、改正後797条3項につき、養子縁組の承諾をするについての同意に代わる許可の審判については、国際裁判管轄、管轄、手続行為能力、陳述の聴取、審判の告知、即時抗告等についても、併せて規定の整備がなされています（改正後家事事件手続法161条の2）。

4 なお、未成年養子縁組及びその離縁の代諾に関する規律の改正に関連する改正としては、養子縁組がされた場合の親権者の定め（民法818条2項）についても明確化がなされました。

具体的には、子が養子である場合の親権者として、現行民法においては

第**5**章 そ の 他

1 未成年養子縁組及びその離縁の代諾に関する規律

「養親の親権に服する」とのみ定めがあるところ、改正法においては、養子の場合の親権者の定めを3項に改めたうえ、具体的な親権者として①養親（当該子を養子とする縁組が二以上あるときは、直近の縁組により養親となった者に限る。）、②子の父母であって、前号に掲げる養親の配偶者である者、と定めました。これは、現行法において解釈運用に委ねられている解釈のうち、実務上解釈が定着している①同一の子について複数回の養子縁組がされた場合の親権を行うべき者の規律、②いわゆる連れ子養子の場合における養親とならない配偶者（実父母の一方）が共同で親権を行うものとされる規律、をそれぞれ明確化したものです。

（根本 達矢）

第1編 令和6年改正

> **Q43** 今回の改正により、未成年者養子縁組、およびその離縁の場面において、未成年者の利益がどのように図られているのか教えてください。

ポイント

① 実父母の代諾による養子縁組の場合において、養子縁組をするかどうかについて（親権を有する）実父母の意見が対立するときに家庭裁判所が関与する仕組みが整備されました。

② 養子縁組の代諾について父母の意見が対立する場合、養子縁組をすることが子の利益のため「特に必要な場合」には、家庭裁判所において父母の一方が単独で養子縁組をすることができる旨の裁判を行う規律が整備されました。

③ 上記②の「特に必要な場合」については、養子縁組が成立すると実父母が親権者としての権利義務を失うことを考慮してもなお養子縁組を成立させることが子の利益の観点から必要である事情が必要であるとされ、この判断においては、それまでの実父や実母による子の養育の状況も考慮すべきとされました。

A

1 未成年者養子縁組の代諾に関する規律について

　養子となる者が15歳未満である場合、その法定代理人が、これに代わって、縁組の承諾をすることができることとされていますが（民法797条1項）、この場合に実父母が代諾権者であるときに、養子縁組をするかどうかについて親権を有する実父母の意見が対立することも想定されます。現行民法においてはこの場合の意見調整の規律が定められておりませんでしたが、今回の改正においては、このような場合に、家庭裁判所の関与する仕組みを整備することとなりました。

　養子縁組の代諾に関する規律については、監護者等（親権を行う権利義務を有していない者）が養子縁組の代諾について同意権を有している（民

第5章　その他
1　未成年養子縁組及びその離縁の代諾に関する規律

法797条2項）とのバランス上、父母の双方が親権者である場合も、本来はその双方の同意がなければ養子縁組の成立に慎重であるべきとの考え方もあるところです。このような考え方は、養子縁組の成立により養親に親権が付与されるだけでなく、実父母が親権者としての権利義務を失う点で、親権喪失や父母の離婚後の親権者の変更に類似する効果があることを重視したものといえます。このような考え方から、父母の意見が対立する場合には、父母の一方が他の一方の同意なく単独で養子縁組を成立させるためには、一方に対する親権喪失の審判を得た上で、養子縁組の代諾をしたり、父母の離婚後の場面では親権者の変更の手続きを行い父母の一方のみを親権者とする旨の審判を得た上で、養子縁組の代諾をするという規律とすることも考えられるところです。

　もっとも、上記のような規律だけでは、本来であれば養子縁組をすることがこの利益の観点から望ましいにも関わらず、結果的にその実現が困難となる事態も生じ得ることも考えられます。そこで、要綱案では、父母双方が親権者である場合における養子縁組の代諾についての父母の意見の対立時においては、養子縁組をすることが子の利益のため「特に必要がある」場合に限って、父母の一方が単独で養子縁組をすることができる旨の裁判をすることができるものとしました。

　この場合における「特に必要がある」の解釈にあたっては、監護者にも養子縁組が子の利益に合致するかどうかの判断の機会を与え、親権者のみの意思で子の監護に関する父母の合意が変更されるのを防止する必要があるとの観点から、法定代理人が養子縁組の代諾をするために監護権者の同意を得るものとする規律（民法797条2項）が、また親権停止（民法834条の2）の審判がされていることは通常は親子の再統合が期待されている場合であり、このような場合に父母の同意なく養子縁組が成立し、養親のみが親権を行うこととなるのは相当ではないとの観点から、法定代理人が養子縁組の代諾をするために親権を停止された父母の同意を得るものとする規律が定められた経緯に鑑み、養子縁組が成立すると実父母が親権者と

167

しての権利義務を失うことを考慮してもなお養子縁組を成立させることが子の利益の観点から必要である事情を要するとされています。そして、この判断においては、それまでの実父や実母による子の養育（親権行使のほか、親子交流の実施状況や扶養義務の履行状況等も含まれると考えられるとされています）の状況も考慮すべきとされています。この判断にあたっては、実父母による養育と養親による養育とを比較して相対的に判断すべきとの意見も提示されているところです。

併せて、親権者と監護者等との意見が対立した場合にも、家庭裁判所が監護者等の同意に代わる審判をすることにより、親権者が監護者等の同意を得ることなく養子縁組の代諾をすることができるようになりました。

2　離縁の代諾に関する規律について

民法811条は、養子が15歳未満であるときは、養親と養子の離縁後にその法定代理人となるべき者との協議で離縁の協議をするものと定めており、養子の（実）父母がすでに離婚しているときは、その協議又は家庭裁判所の審判により、父母の「一方」を養子の離縁後にその親権者となるべき者と定めることとしています。令和6年改正により、父母の離婚後において父母双方を親権者とすることができる規律が整備されたことから、その平仄上、民法811条による養子の離縁後に法定代理人となるべきものを父母の「双方」とする旨の整備が行われました。

（根本　達矢）

2 夫婦間の取消権（754条）の削除

夫婦間の取消権（754条）が削除された経緯を教えてください。

ポイント

① 夫婦間の取消権については、当事者の真意を問題とせずに一律に契約の取消しを認めることは適当ではないとの指摘や、真意に反する契約は心裡留保等財産法上の一般理論により取り消すことができるから、必要性に疑義が生じていました。
② 現に問題になり得る、婚姻関係が破綻に瀕した後の場面における取消しについても、判例はその適用を制限していました。

令和6年改正においては、現行民法で定められている夫婦間の契約の取消権が削除されるに至りました。

現行民法は、「夫婦間でした契約は、婚姻中、いつでも、夫婦の一方からこれを取り消すことができる。ただし、第三者の権利を害することはできない」（民法754条）と定めており、夫婦の間でなされた契約について一律に夫婦の一方による取消しを認めています。

しかし、この規定については、当事者の真意を問題とせずに一律に夫婦間の契約の取消しを認めることは適当ではないとの指摘や、真意に反する契約は、財産法上の一般理論（心裡留保、錯誤、詐欺、強迫等）によって、その意思表示を無効又は取り消すことができるから、同条のような規定を設ける必要性もないとの指摘がされてきたところでした（中間試案補足説明・96頁）。平成8年法制審議会答申（平成8年2月26日法制審議会総会決定「民法の一部を改正する法律案要綱」）においても、本条の規定につ

いて削除するものとすると示されています。

　また、夫婦間の契約の取消しについては、特に婚姻関係が破綻に瀕している夫婦の場合に重大な問題が生ずるおそれがあります。すなわち、婚姻関係が破綻に瀕している場合における夫婦間の契約については、実質的には法的保護を与えることが適当と考えられますが、このような場合に本条が適用されると、このような契約についても夫婦の一方からの取消しを認めることになります。こうした帰結についてはかえって相手方配偶者の保護の面からみて問題があるとの指摘もされています。

　上記のような問題もあることから、現行民法の解釈運用においても、判例の動向も踏まえつつ、たとえ夫婦関係が円満である間に締結された夫婦間の契約であっても、婚姻関係が破綻した後においてはもはや取り消すことはできない、との解釈がされています。

　この点について、判例（最判昭和42年2月2日民集21巻1号88頁）は、婚姻中の妻から夫に対し、夫が妻に対して山林原野を贈与したとして所有権移転の登記手続を求めたところ、夫が本条による贈与の取消しを主張したという事案において、本条の「婚姻中」とは単に形式的に婚姻が継続していることをいうのではなく、実質的にもそれが継続していることをいうものと解すべきであるとして、当事者間の夫婦関係がすでに破綻したのちに夫から取消しの主張がなされたという事実関係の下ではこの取消しの意思表示は無効であると判断した原審の判断を正当なものとしており、実質的に本条の適用場面を制限しています。

　このような経緯から、本条については、実務上も規定の必要性に疑義が生じていたところであり、婚姻関係が破綻に瀕した後の場面において適用される場面も実質的になくなったものと考えられることから、今般の改正において削除されるに至ったものです。

（根本　達矢）

3 裁判上の離婚事由の民法770条1項4号の削除

Q45 裁判上の離婚事由の民法770条1項4号（配偶者が強度の精神病にかかり、回復の見込みがないとき）が削除された経緯を教えてください。

ポイント

① 判例（最判昭和33年7月25日）により民法770条1項4号による離婚請求が認められる範囲が実質的に制限されています。
② 民法770条1項4号の事由は、民法770条1項5号の事由のひとつとして挙げることができます。
③ 民法770条1項4号の規定が、精神的な障害を有する者に対する差別であるとの指摘がされています。

A　裁判上の離婚事由は民法770条1項に規定されており、4号において「配偶者が強度の精神病にかかり、回復の見込みがないとき」が離婚事由として挙げられています。

同離婚事由については、判例（最判昭和33年7月25日）において、「「配偶者が強度の精神病にかかり回復の見込がないとき」を裁判上離婚請求の一事由としたけれども、同条二項は、右の事由があるときでも裁判所は一切の事情を考慮して婚姻の継続を相当と認めるときは離婚の請求を棄却することができる旨を規定しているのであつて、民法は単に夫婦の一方が不治の精神病にかかつた一事をもつて直ちに離婚の訴訟を理由ありとするものと解すべきでなく、たとえかかる場合においても、諸般の事情を考慮し、病者の今後の療養、生活等についてできるかぎりの具体的方途を講じ、ある程度において、前途に、その方途の見込のついた上でなければ、ただち

171

に婚姻関係を廃絶することは不相当と認めて、離婚の請求は許さない法意であると解すべきである。」と判示されています。同判例は、民法770条1項4号の理由による離婚を実質的に制限しております。

　実務的にも民法770条1項4号のみを離婚事由として離婚が認められることはあまり無く、民法770条1項5号の「その他婚姻を継続し難い重大な事由があるとき。」を根拠条文としながら精神疾患であることは同号の事由のひとつの事情とされております。

　また、4号の離婚事由については、精神的な障害を有する者に対する差別であるとの指摘もなされており、国連の障害者権利委員会による日本の第1回政府報告に関する総括所見（2022年9月）では同規定を削除するよう勧告がなされていました。

　以上述べたように、民法770条1項4号の離婚事由が判例において実質的に制限されていること、民法770条1項5号のうちの事由として挙げることができること、差別規定であり削除するよう勧告がなされたこと等の事情をもとに、同規定が削除されるに至りました。

（土方　恭子）

第2編

◆

令和4年改正

第**2**編 令和4年改正

第**1**章

懲戒権の見直し

Q46
令和4年改正後821条は、親権者の行為規範に関してどのような規律をしていますか。また、この改正により、児童福祉法、児童虐待の防止等に関する法律上の監護教育に関する規定に、どのような影響がありましたか。

ポイント

① 令和4年改正後821条は、「親権者の監護教育権の行使における行為規範として、子の人格を尊重する義務や、子の心身の健全な発達に有害な影響を及ぼす言動を禁止する規律等を規定することで、児童虐待の防止を図ろうとする」ため新設されました（令和4年部会資料25－2・2頁）。

② 令和4年改正後821条において、体罰その他の子の心身の健全な発達に有害な影響を及ぼす言動の禁止を規定していますが、当該行為は令和4年改正前民法上も親権の行使として許容されるものではなかったものの、同条において明示的にこれを禁止する規定を設けることで当該行為を防止するために確認的に設けられました。

③ 令和4年改正後821条の新設に伴い、児童福祉法や児童虐待の防止等に関する法律において、懲戒の文言を削除する等の改正がなされました。

1 令和4年改正後821条の内容等について

令和4年改正後821条(以下「本条」といいます。)は、「親権を行う者は、前条(第820条)の規定による監護及び教育をするに当たっては、子の人格を尊重するとともに、子の年齢及び発達の程度に配慮しなければならず、かつ、体罰その他の子の心身の健全な発達に有害な影響を及ぼす言動をしてはならない」と規定しています。

本条は、令和4年改正前822条の懲戒権の規定を削除し、令和4年改正前821条の居所指定権の規定を823条に繰り下げた上で新設された規定です。

2 本条による親権者の行為規範に関する規律について

本条は、「親権者の監護教育権の行使における行為規範として、子の人格を尊重する義務や、子の心身の健全な発達に有害な影響を及ぼす言動を禁止する規律等を規定することで、児童虐待の防止を図ろうとするもの」です(令和4年部会資料25-2・2頁)。

付け加えると、本条において、子の人格を尊重する義務並びに子の年齢及び発達の程度に配慮する義務を規定したのは、「児童虐待の要因として、親が自らの価値観を不当に子に押し付けることや、子の年齢や発達の程度に見合わない過剰な要求をすることなどが指摘されていることを踏まえ、親子関係において、独立した人格としての子の位置付けを明確にし、子の特性に応じた監護及び教育の実現を図る観点から、親権者の監護教育権の行使における行為規範として」規律するためです(令和4年部会資料25-2・4頁)。

また、本条において、体罰その他の子の心身の健全な発達に有害な影響を及ぼす言動の禁止を規定したのは、「児童虐待問題に対応し、子の健全な発達に与える不当な影響や害悪を防止する観点からは、子に対して不当に肉体的な苦痛を与える行為のみならず、不当に精神的な苦痛を与える行為についても明示的に禁止しこれを防止することが必要である」との考え

から、令和4年改正前民法上も「親権の行使として許容されていないものと考えられる子の心身の健全な発達に有害な影響を及ぼす言動について、これを明示的に禁止する規律として確認的に設け」られました（令和4年部会資料25－2・3頁）。

「このように、第821条が規定する規律は、監護教育権に関する改正前の民法の規定の実質に追加・変更を加えるものではなく、従前の法令の解釈から導かれる内容をより明確化・具体化した」ものであり、その意味で確認的に設けられた規定といえます（佐藤隆幸「一問一答令和4年民法等改正親子法制の見直し」（商事法務、2024年）129頁）

なお、「心身の健全な発達に有害な影響を及ぼす言動の内容は、実体法上禁止されるべきことについて、社会的なコンセンサスが形成されている行為に限られ」ますが、「特定の行為が心身の健全な発達に有害な影響を及ぼす言動に該当するかを判断するに当たり、子の心身の健全な発達に対する有害な影響という結果の発生は必ずしも必要ではなく、当該判断は、個別の事案における具体的な事情を総合的に考慮し、社会通念に照らして、当該行為が監護教育権の行使として相当なものか否かとの観点から客観的に行われるもの」です。「そのため、親権者の主観を基準として決せられるものではなく、親権者が子の心身の健全な発達に有害な影響を及ぼさない行為であると考えていても、客観的に監護教育権の行使として相当ではないと認められる行為は、子の心身の健全な発達に有害な影響を及ぼす言動に該当すること」となります（令和4年部会資料25－2・3頁）。

また、令和元年に成立した児童虐待防止対策の強化を図るための児童福祉法等の一部を改正する法律により、児童虐待防止法において、親権者による体罰が明示的に禁止されたことなどを踏まえると、令和4年改正前民法上も、親権者の監護教育権の行使として体罰を行うことは許容されていないものと解されるところですが、体罰にあたる行為は、当然に子の心身の健全な発達に有害な影響を及ぼす言動に該当するものであって、すべからく禁止されるべきものと考えられることから、このような体罰の位置付

第1章
懲戒権の見直し

けを明らかにする趣旨で、子の心身の健全な発達に有害な影響を及ぼす言動の一類型として、体罰を例示的に規定することとなりました（令和4年部会資料25－2・3頁）。

「なお、体罰の意義については、その一般的な語義等を踏まえ、「子の問題行動に対する制裁として、子に肉体的な苦痛を与えること」を指すものと定義され、上記のとおり、この定義に当たる行為については、当然に子の心身の健全な発達に有害な影響を及ぼす言動に当たり、親権者の監護教育権の行使として許容され」ません。「そして、上記の体罰の定義に該当するかどうかは、最終的には、当該子の年齢、健康、心身の発達状況、当該行為が行われた場所的及び時間的環境、当該行為の態様等の諸条件を総合的に考慮し、個々の事案ごとに判断されるもの」です（令和4年部会資料25－2・3頁）。

「一般論としては、問題行動を起こした子に対する制裁として、身体を殴る・蹴る、突き飛ばして転倒させる、長時間にわたって正座をさせるといった行為については、体罰に当たるものと考えられます」が、「子が問題行動を起こし、又は起こそうとした場合において、その身体を押さえて制止するといった行為は、子に対する有形力の行使ではあるものの、子に対する制裁を目的としたものでなく、不当に子を肉体的又は精神的に傷つけるものでもないと判断される限りにおいて、体罰には当たらず、親権者による監護教育権の行使として許容されるものと考えられます」（佐藤隆幸「一問一答令和4年民法等改正親子法制の見直し」（商事法務、2024年）133頁）。

「体罰その他の子の心身の健全な発達に有害な影響を及ぼす言動に該当すると判断された場合には、当該行為は、民法法第820条の監護教育権の範囲外の行為として民法上許容されず、当該行為について、その民事法上又は刑事法上の違法性が問われる場面においては、これが同条の監護教育権の行使として正当化されることはないことが明確に」なります（令和4年部会資料25－2・4頁）。

第**2**編　令和４年改正

3　本条の改正による児童福祉法及び児童虐待の防止等に関する法律への影響について

　本条の改正に連動して、児童福祉法において「懲戒」の文言を削除する改正がなされました（児童福祉法33条の２第２項、同法47条３項）（第53回社会保障審議会児童部会資料6－3）。また、同法において、児童相談所長または施設長等が児童の監護及び教育に関し、その児童の福祉のため措置をとるにあたり、改正前は単に体罰を加えることができないと規定していたところ、改正後は児童の人格を尊重するとともに、その年齢及び発達の程度に配慮しなければならず、かつ、体罰その他の児童の心身の健全な発達に有害な影響を及ぼす言動をしてはならないという文言が明記されました（児童福祉法33条の２第２項、同法47条３項）（同部会資料6－3）。

　また、上記民法の改正に連動して、児童虐待の防止等に関する法律14条1項においても同様に、「懲戒」の文言を削除し、また、児童の親権を行う者は、児童のしつけに際して、児童の人格を尊重するとともに、その年齢及び発達の程度に配慮しなければならず、かつ、体罰その他の児童の心身の健全な発達に有害な影響を及ぼす言動をしてはならないとする規定に改正がなされました（同部会資料6－3）。

（須藤　泰宏）

第1章 懲戒権の見直し

Q47 懲戒権規定の見直しがなされた経緯を教えてください。

ポイント

① 令和4年改正前822条では、親権者の懲戒権について定められていましたが、この規定が児童虐待を正当化する口実に利用されているという指摘がなされていました。

② 令和4年改正前822条を削除した上で、親権者は820条により必要な監護教育をすることができることを前提に、監護教育に際し、子の人格を尊重するとともに、その年齢及び発達の程度に配慮しなければならならず、体罰その他の子の心身の健康な発達に有害な影響を及ぼす言動をしてはならないものとする令和4年改正後821条を新設することで、児童虐待が正当な親権の行使とはいえず許されないことなどを規定上明確にして、児童虐待の防止を図るため、懲戒権規定の見直しがなされました。

A

1 令和4年改正前822条の親権者の懲戒権の定めについて

令和4年改正前822条は、「親権を行う者は、820条の規定による監護及び教育に必要な範囲内でその子を懲戒することができる」として、親権者の懲戒権を定めていました。

2 懲戒権規定の見直しに至る経緯

しかし、「懲戒権に関する規定については、児童虐待を正当化する口実に利用されているとの指摘があったことから、平成23年の民法改正に際し、懲戒権は子の利益のために行使されるべきものであり、子の監護及び教育に必要な範囲を超える行為は懲戒権の行使に当たらないこと」を明確化する改正が行われておりました（令和4年中間試案補足説明・3頁）。

第2編 令和4年改正

　なお、この改正の際に、懲戒権に関する規定を削除することについても検討がなされましたが、「懲戒権の規定を削除すると、それによって正当なしつけもできなくなるとの誤解を招くことが懸念されたこと」や、親権の他の規定との整合性を考慮する必要がある旨の指摘があったことなどを踏まえて、見送られた経緯がありました（令和4年中間試案補足説明・4頁）。

　もっとも、懲戒権に関する規定については、「その後も児童虐待を正当化する口実に利用されているとの指摘がなされていたところ」、令和元年には児童虐待防止対策の強化を図るための児童福祉法等の一部を改正する法律」（以下「児童福祉法等改正法」といいます。）により、児童虐待の防止等に関する法律（以下「児童虐待防止法」といいます。）に「親権者による体罰の禁止が明文で定められ」ました（令和4年中間試案補足説明・3頁）。

　また、「児童福祉法等改正法の検討過程において、懲戒権に関する規定の在り方の再検討を強く求める指摘がされ、その附則において、「政府は、この法律の施行後2年を目途として、民法第822条の規定の在り方について検討を加え、必要があると認めるときは、その結果に基づいて必要な措置を講ずるものとする」との検討条項が設けられ」ておりました（令和4年中間試案補足説明・3頁）。

　このように「児童虐待の問題が深刻化している社会状況を背景として、子に対する体罰等の有害性が広く指摘されるとともに」、令和元年の児童福祉法等改正法により、児童虐待防止法に「親権者による体罰の禁止が明文で定められるに至るなど、子に対する懲戒権の在り方等に関する社会通念にも変化が生じているところ」でした（令和4年部会資料25－2・2頁）。

　そのため、このような社会通念の変化を前提として、懲戒権に関する規定の見直しについて検討がなされた結果、児童虐待を正当化する口実に利用されていると指摘のあった懲戒権に関する規定（令和4年改正前822条）を削除した上、親権者は民法820条により必要な監護教育をすることがで

きることを前提に、監護教育に際し、子の人格を尊重するとともに、その年齢及び発達の程度に配慮しなければなりならず、体罰その他の子の心身の健康な発達に有害な影響を及ぼす言動をしてはならないものとする令和4年改正後821条を新設することで、「児童虐待は正当な親権の行使とはいえず許されないことなどを規定上も明確にして、児童虐待の防止を図ろうとする」ため、上記のとおり懲戒権規定の見直しがなされました（令和4年部会資料25－2・2頁）。

　なお、令和4年改正前民法821条は居所の指定について定める規定でしたが、この改正に伴い、同条は令和4年改正後民法822条に移動されました。このように位置関係を整理したのは、令和4年改正後「第821条の内容は、親権者の監護教育権（第820条）の行使一般についての行為規範を規定するものであり、改正前の第821条が規定する居所の指定や、第823条が規定する職業の許可といった、監護教育権の各論的な規律との関係では、その前提となる総則的規律と位置付けられる」ためです（佐藤隆幸「一問一答令和4年民法等改正親子法制の見直し」（商事法務、2024年）130頁）。「そこで、第821条が定める内容が監護教育権の行使一般において遵守されるべき総則的規律であることを明確にする観点から、懲戒権に関する規定（改正前の第822条）の削除により空白となる位置に、居所の指定について定める改正前の第821条を移動させた上で、監護教育権の根拠規定である第820条のすぐ後ろの位置であり、かつ、監護教育権の各論的な規律の前の位置に、新たな第821条を規定すること」となりました（佐藤隆幸「一問一答令和4年民法等改正親子法制の見直し」（商事法務、2024年）130頁）。

（須藤　泰宏）

第2編 令和4年改正

Q48 令和4年改正前822条の懲戒権に関する規定が削除されたことによる影響を教えてください。

ポイント

① 令和4年改正前822条の懲戒権の規定が削除されたことにより、正当なしつけまでできなくなったというわけではなく、「社会通念に照らして許容されると考えられる正当なしつけについては監護教育権の行使として行」うことができると考えられています(令和4年部会資料25-2・2頁)。

② 令和4年改正前822条の規定を削除することで、民法上体罰が禁止されるかが不明確になるという指摘はあたりません。

1 令和4年改正前822条の懲戒権の規定が削除されたことにより、正当なしつけまでできなくなったわけではないこと

令和4年改正前822条の懲戒権の規定が削除されたことにより、正当なしつけまでできなくなったというわけではありません。検討段階においてそのような誤解を招く懸念があるという指摘はありましたが(令和4年中間試案補足説明・4頁)、「社会通念に照らして許容されると考えられる正当なしつけについては、民法第820条に基づく監護教育権の行使として行」うことができると考えられています(令和4年部会資料25-2・2頁)。

なぜなら、「そもそも、改正前の第822条の懲戒権に関する規定は、第820条の監護教育権の一環として行われるしつけのうち、子に問題行動があった場合について、特に規定を置いたものであると理解され」るところ、「懲戒権に関する規定を削除しても、親権者は、その大本の規定である第820条に定めのある子の利益のためにする監護及び教育として、同条に基づき、子に対して適切なしつけをすることにできることに変わりは」ないからです(佐藤隆幸「一問一答令和4年民法等改正親子法制の見直し」(商

事法務、2024年）131頁）。

　なお、上記のように懲戒権の規定が削除されたことにより、正当なしつけまでできなくなると誤解を招くという懸念に対しては、「同規定の削除が正当なしつけを否定する趣旨ではないことを丁寧に広報することや、子育てに不安を抱える親に対する支援を充実させることで対応すべきとの意見もあったところであり、このような対応策を講じることによって上記の懸念を解消することが可能とも考えられ」ます（令和4年中間試案補足説明・4頁）。

2　「懲戒」という語を改め、「指示及び指導」という語を用いる提案についての検討

　また、「中間試案においては、本見直し後も親権者が上記のような正当なしつけを行」うことができることを「明確にする観点から、「懲戒」の語を改め、「指示及び指導」という語を用いて、親権者の監護及び教育における権限を規定することも提案」がなされていましたが、「そのように語を改めたとしても、今度は「指示及び指導」の語が体罰や虐待を正当化するための口実に利用される恐れが払拭できないと考えられることなどから、そのような見直しの方向性については採用しないことと」されました（令和4年部会資料25－2・2頁、令和4年中間試案補足説明・4頁）。

3　令和4年改正前822条の規定を削除することで、民法上体罰が禁止されるかが不明確になるという指摘について

　その他、令和4年改正前822条を削除したことにより、民法上体罰が禁止されるのかが不明確であるのではないかという指摘もありましたが、令和4年改正後821条において、「体罰その他の子の心身の健全な発達に有害な影響を及ぼす言動に該当すると判断された場合には、当該行為は民法第820条の監護教育権の範囲外の行為として民法上許容され」ないことが明文化され（令和4年部会資料25－2・4頁）、また、児童虐待防止法14条1

項に親権者の子に対する体罰を禁止する旨の規定が置かれています。

　これらにより、「当該行為について、その民事法上又は刑事法上の違法性が問われる場面においては、これが同条の監護教育権の行使として正当化されることはないことが明確にな」ったといえます（令和4年部会資料25－2・4頁）。

（須藤　泰宏）

第2章

嫡出推定制度の見直し

Q49 嫡出推定制度についてどのような改正がされたのか教えてください。

ポイント

① 婚姻中に懐胎した子に加え、婚姻前に懐胎して婚姻が成立した日から200日以内に出生した子も、夫の子と推定されることになりました。

② 婚姻解消又は取消しの日から300日以内に生まれた子でも、母が前夫以外の人と婚姻後に出生した場合には、出生の直近の婚姻における夫の子と推定されることになりました。

1 嫡出推定規定の見直し

　嫡出子とは、婚姻中の夫婦の間に生まれた子を意味する用語であり（令和4年中間試案補足説明・89頁）、嫡出推定制度は、妻の懐胎の時期によって嫡出を推定し（懐胎主義）、子の出生時に、法律上の父子関係を決定させて、子の身分の早期安定を図ることにより、子の利益を保護するための制度です。改正前は、「婚姻の成立の日から200日以内に生まれた子」には推定規定がなく、いわゆる「推定されない嫡出子」であり、父子関係を争う手段が「推定される嫡出子」とは異なりました。令和4年改正法では、この婚姻成立の日から200日以内に生まれた子について、嫡出推定の規定を設けました（令和4年改正後772条1項後段、令和4年改正後772条2項）。

　また、改正前は、婚姻の解消（離婚若しくは死別）又は取消し（以下「婚

姻の解消等」といいます。）の日から300日以内に生まれた子は、一律に、婚姻中に懐胎したものと推定され（令和4年改正前772条2項）、前夫の子と推定されていました（令和4年改正前同条1項）。令和4年改正法では、婚姻解消等の日から300日以内に生まれた子であっても、母が再婚した後に生まれた場合は、例外として、出生の直近の婚姻における夫の子と推定される規定が設けられました（令和4年改正後772条3項）。

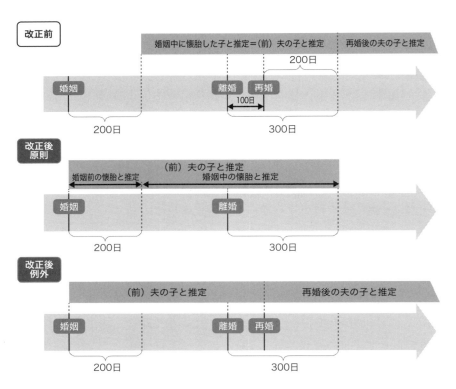

参照：https://www.moj.go.jp/content/001414216.pdf

2 婚姻成立の日から200日以内に生まれた子についての新たな推定規定（令和4年改正後772条2項、772条1項後段）

改正前は、婚姻成立の日から200日以内に生まれた子について、嫡出を

第**2**章
嫡出推定制度の見直し

推定する規定がありませんでした。そこで、戸籍実務では、婚姻成立の日から200日を経過する前に生まれた子については、(1)嫡出子としての出生届が提出されたときは、夫婦の子として戸籍に記載し（昭和15年4月8日付け民事甲第432号民事局長通牒）、他方、(2)母が「嫡出でない子」として出生届を提出することも認めていました（昭和26年6月27日付け民事甲第1332号民事局長回答）。

　令和4年改正法は、「婚姻の成立の日から200日以内に生まれた子」について、「婚姻前に懐胎したもの」と推定し（令和4年改正後772条2項）、婚姻前に懐胎した子であっても、婚姻が成立した後に生まれた場合は、当該婚姻における夫の子と推定するとして、新たな嫡出推定の規定を設けました（令和4年改正後772条1項後段）。いわゆる「授かり婚」のように、婚姻前に懐胎しても、婚姻の成立から200日以内に生まれた子も、「推定される嫡出子」になったわけです。

　この新たな嫡出推定の結果、婚姻成立の日から200日以内に生まれた子の父子関係を争うには、嫡出否認の手続によることになりました。また、母が婚姻前に懐胎していて、その子の生物学上の父でない者と婚姻し、婚姻成立の日から200日以内にその子が出生した場合、改正前のように「嫡出でない子」として出生届を提出することができなくなりました。この点、嫡出否認の訴えにより夫の子であることが否認されれば、嫡出でない子として出生届を提出することは可能ですが（佐藤隆幸編「一問一答令和4年民法等改正親子法制の見直し」（商事法務、2024年）24頁）、他方で、夫との嫡出否認が確定するまで出生届の提出を控える事態とならないよう、子の出生まで婚姻届の提出時期を遅らせることができれば、嫡出否認の裁判手続を経ることなく、速やかに出生届を提出して、「嫡出でない子」の戸籍を作ることも可能です。いずれにしても、戸籍制度の理解を踏まえた検討が必要なところです。

第2編 令和4年改正

3 婚姻の解消等後300日以内に生まれた子を前夫の子と推定しつつ、母が前夫以外の人と再婚した場合に例外を認める新たな推認規定（令和4年改正後772条3項、4項）

　改正前は、婚姻の解消等の日から300日以内に生まれた子は、一律に、婚姻中に懐胎したものと推定されました（令和4年改正前772条2項）。もっとも、懐胎時期に夫婦間に性的関係を持つ機会がなかったことが明らかである等の事情により、外観上夫の子でないことが明らかな場合、いわゆる「推定の及ばない子」として、嫡出否認を待つまでもなく認知の請求ができるし、親子関係不存在確認の訴えにより父子関係を争うことができました（外観説。最一小判昭和44年5月29日民集23巻6号1064頁、最二小判平成10年8月31日民集189号497号）。また、戸籍実務では、医師が作成した「懐胎時期に関する証明書」により、婚姻の解消等の後の懐胎であることを証明すれば、前夫の子としない出生届を提出することも認められていました（平成19年5月7日付け法務省民一第1007号民事局長通達）。

　改正後は、婚姻の解消等の日から300日以内に生まれた子を、婚姻中に懐胎したものと推定しつつ、母が、子を懐胎した時から子の出生の時までの間に「二以上の婚姻をしていたとき」は、その子は、出生の直近の婚姻における夫の子と推定されることになりました（令和4年改正後772条3項）。前の婚姻中に懐胎した子が当該婚姻の解消等から300日以内に出生しても、母が再婚した後に出生したときは、その子は再婚における夫の子と推定されます。しかも、母が再婚後離婚しても、また、再々婚中でも、出生の直近の婚姻における夫の子と推定されることになりました。

　そして、直近の婚姻における夫の嫡出であることが否認された場合には、「直近の婚姻」から嫡出が否認された夫との間の婚姻が除かれることになります（令和4年改正後772条4項）。最初の離婚から300日以内に、再婚、離婚、再々婚と続いて、再々婚中に生まれた子は、再々婚の夫の嫡出子と推定されますが、再々婚の夫との嫡出が否認されれば、再々婚を除く直近、すなわち再婚における夫の子と推定されるという具合です。

第2章
嫡出推定制度の見直し

　こうして、婚姻解消等の後300日以内に出生した子であっても、前夫の子と一律に推定されるのではなく、その後の婚姻成立後に出生した子は、直近の婚姻の（前）夫の子と推定される例外規定が設けられました。

　なお、母が再婚しなければ、改正前と同様に、婚姻解消等の後300日以内に出生した子は、前夫の子と推定されます。この点、改正後も、婚姻解消等の後に懐胎した子について、医師の「懐胎時期に関する証明書」を添付して出生届を提出すれば、前夫の子でない出生届を提出することができる戸籍実務に変更はありません（佐藤隆幸編「一問一答令和4年民法等改正親子法制の見直し」（商事法務、2024年）27頁）。外観説による「推定の及ばない子」の判例理論も、基本的に維持されると考えられます（令和4年中間試案補足説明・20頁、佐藤隆幸編「一問一答令和4年民法等改正親子法制の見直し」（商事法務、2024年）35頁参照）。

（後藤　智子）

第2編 令和4年改正

Q50 改正がなされた背景について教えてください。

ポイント

① 前夫以外の男性との間の子を出産した女性が、嫡出推定規定により、その子が前夫の子と扱われることを避けるために出生届を提出せずに無戸籍者が生じる等のいわゆる無戸籍者問題を解消する観点から、嫡出推定制度の見直しが行われました。

② 近年における、離婚・再婚の増加、懐胎を契機に婚姻する夫婦の増加などの社会の変化が生じていること等を踏まえて、嫡出推定制度の見直しが行われました。

A

1 無戸籍者の問題を解消する観点からの見直し

　　嫡出推定制度の趣旨は、婚姻関係を基礎として、子の懐胎・出生時期を基準に父子関係を推定することで、早期に父子関係を確定し、子の身分関係の法的安定を図るものです。ところが、嫡出推定規定により嫡出の推定される父がいる場合、その父と生物学上の父子関係が存在しないときでも、嫡出推定が否認されてからでなければ、市区町村の戸籍窓口では生物学上の父を父とする出生届を受理しないため、（前）夫以外の男性との間の子を出産した女性が、戸籍上その子が（前）夫の子と記載されることを避けるために出生届を提出せず、無戸籍者が生ずる一因となっていることが指摘されていました（令和4年中間試案補足説明・13頁）。嫡出推定が否認されれば（前）夫の子と記載されることが避けられるといっても、令和4年改正前774条の否認権は夫のみに認められ、前夫の協力が得られない、前夫に出産の事実を知られたくない等の事情があると、推定される父子関係と生物学上の父子関係が一致しない場合に、母が嫡出否認の手続を経て出生届を提出することができないという事情もありました。

　　そこで、判例により、夫により懐胎することがおよそ不可能であること

が外観上明らかな場合、その懐胎により出生した子には嫡出推定が及ばず、嫡出否認によらずに父子関係を争うことが認められてきました（いわゆる外観説）。「（改正前）772条2項所定の期間内に妻が出産した子について、妻がその子を懐胎すべき時期に、既に夫婦が事実上の離婚をして夫婦の実態が失われ、又は遠隔地に居住して、夫婦間に性的関係を持つ機会がなかったことが明らかである等の事情が存在するとき」には、その子について（改正前）772条の推定が及ばず、嫡出否認の訴えによることなく、親子関係不存在確認の訴えや認知の訴えにより父子関係を否定することができるとされていたのです（最三小判平成12年3月14日判タ1028号164頁、166頁（但し、親子関係不存在確認の訴えが認められなかった事案））。

　また、戸籍実務では、婚姻の解消等の日から300日以内に生まれた子であっても、婚姻中に懐胎したものでないことを医師の作成した証明書（「懐胎時期に関する証明書」）により確認することができる場合には、嫡出でない子又は再婚した夫の嫡出子の出生届を受理することとされてきました（平成19年5月7日付け法務省民一第1007号民事局長通達）。

　法務省における集計によれば、令和3年1月10日までに無戸籍者として把握された者の累計人数は計3393名であり、このうち親子関係不存在確認の裁判等を経て戸籍に記載された累計人数は2492名、同日現在の無戸籍者の数は901名でした（令和4年中間試案補足説明・14頁（注1））。そして、無戸籍者の母等が出生届を提出しない理由として、901名中660名（約73%）が（前）夫の嫡出推定を避けるためと回答していました（令和4年中間試案補足説明・14頁（注1））。

　そこで、令和4年改正法は、嫡出推定制度の趣旨を踏まえつつ、嫡出推定規定を見直し、前夫の嫡出推定を避けるために出生届の提出をためらう状況を減らすことで、子が無戸籍者となることを防止しようとした背景がありました。

2　社会の変化による見直し

(1)　婚姻成立の日から200日以内に生まれた子の推定規定の新設

　改正前には、婚姻成立の日から200日以内に生まれた子について、嫡出

が推定されませんでしたが、民法では、200日以内に生まれた子を嫡出でない子とし、父が認知すれば、嫡出子の身分を取得することができるとしていました（民法789条2項。認知準正）。

　もっとも、結婚式を挙げても子ができるまでは婚姻届を提出しない夫婦が少なくなかったという背景から、裁判所は、婚姻届出の前に内縁関係が継続し、母が内縁の夫との間で当該子を懐胎した場合には、父による認知の手続を経ることなく、出生と同時に嫡出子の身分を有することを認めていました（床谷文雄「第3章　親子」高橋朋子他著「民法7親族・相続（第7版）」（有斐閣、2023年）132頁。大判昭和15年1月23日民集19巻54頁）。これを受けた戸籍実務は、先行する内縁関係を調査する権限がないため、婚姻成立の日から200日以内に生まれた子を嫡出子（いわゆる「推定されない嫡出子」）とする出生届を受理し、他方、母から「嫡出でない子」としての出生届を提出することも差し支えないとしていました（昭和15年4月8日付け民事甲第432号民事局長通牒。昭和26年6月27日付け民事甲第1332号民事局回答）。

　けれども、推定されない嫡出子の父子関係は、確認の利益がある限り親子関係不存在確認訴訟において争われる可能性があることから、父が嫡出子として出生届を提出したとしても、例えば、後に生物学上の父子関係が存在しないことが判明して父子関係を争われ、子が相続人の地位を失うといった事態を生じさせることがあり、子の地位が不安定であると指摘されていました（令和4年中間試案補足説明・16～17頁参照）。

　法務省による調査では、平成26年から平成28年までの間に全国で提出された出生届のデータ（平成29年6月時点）において、婚姻成立の日から200日以内に提出された出生届のうち約99.5％が嫡出子としての届出でした（令和4年中間試案補足説明・19頁）。また、妊娠を契機として婚姻に至る、いわゆる「授かり婚」が増加し、厚生労働省の「出生に関する統計」によると、「授かり婚」の子が婚姻第一子に占める割合は、昭和55年には12.6％であったのが、平成15年には26.3％に増加し、平成21年には25.3％となり、平成

20年代以降はおおむね20%前後で推移しているというデータがあります（令和4年中間試案補足説明・19頁、部会資料3・8頁、（佐藤隆幸編「一問一答令和4年民法等改正親子法制の見直し」（商事法務、2024年）17頁）。こうした背景から、婚姻成立の日から200日以内に生まれた子は、夫の子である蓋然性が高く、授かり婚の夫婦は、通常、夫婦でその子を養育する意思を有していると考えられました（令和4年部会資料3・7頁）。

　そこで、改正法では、婚姻の成立した日から200日以内に生まれた子は婚姻前に懐胎した子と推定されるも、婚姻成立後に生まれた場合は、夫の子と推定されることになりました（令和4年改正後772条2項、772条1項後段）。

(2)　婚姻解消等の日から300日以内に生まれた子の嫡出推定について例外規定の新設

　近年、離婚・再婚の増加により、婚姻解消等の日から300日以内に生まれた子を一律に前夫の子と推認すると実態に合わなくなってきているとの指摘がありました。法務省が平成26年1月1日から平成28年12月31日までの間に出生届が提出された子を対象として実施した調査によると、母の婚姻解消等の日から300日以内かつ母の婚姻後200日以内に該当する子の96.6%という圧倒的多数が、嫡出否認等の裁判確定や懐胎時期に関する証明書を添付する方法等で、現夫を父とする子（推定されない嫡出子）として戸籍に記載されていました（令和4年部会参考資料14−1・2頁）。

　また、改正法による再婚禁止期間の廃止により、婚姻解消後の短期間のうちに再婚、再々婚が可能になり、加えて、改正法では、婚姻前に懐胎され、婚姻成立後に出生した子を、夫の子と推定する新たな規定が設けられ、その結果、女性が子の懐胎から出生までの間に2回以上婚姻すると、婚姻解消等の日から300日以内に生まれた子についての前夫の嫡出推定とその後の夫の嫡出推定とで、父性推定が重複します。

　そこで、改正法では、父性推定が重複する場合に、出生の直近の婚姻における夫の子と推定する規律が設けられました（令和4年改正後772条3項、4項）。

（後藤　智子）

第**2**編　令和4年改正

嫡出推定制度の改正に伴って変更になった制度についてポイントを教えてください。

ポイント

① 婚姻の解消等の日から300日以内に生まれた子につき、母が前夫以外の男性と再婚した場合には、再婚後の夫を父とする出生の届出が可能となりました。
② 子又は母は、自ら嫡出否認の訴えを提起し判決を得たうえで、(前)夫を父としない出生の届出をすることが可能となりました。
③ 嫡出推定制度と認知制度との調整が図られました。

　1(1)　嫡出推定制度の改正に伴って、婚姻の解消等の日から300日以内に生まれた子につき、母が前夫以外の男性と再婚した場合には、再婚後の夫を父とする出生の届出が可能となりました。

令和4年改正前772条においては、生まれた子の父を法律上早期に確定して子の利益を図るために「婚姻の成立の日から二百日を経過した後又は婚姻の解消等の日から三百日以内に生まれた子は、婚姻中に懐胎したものと推定する」という嫡出推定という制度が設けられていました。

もっとも、前夫との離婚後300日以内に子が生まれた場合その子は民法上前夫との子と推定されるため、血縁上の父親が前夫でない場合、母が出生届を提出せず、子が無戸籍になっている状況がありました。

このような状況を解消するため、改正後772条2項において「婚姻の成立の日から二百日を経過した後又は婚姻の解消若しくは取消しの日から三百日以内に生まれた子は、婚姻中に懐胎したものと推定する」と規定され、再婚後の夫を父とする出生の届出が可能となりました。

(2)　また、嫡出推定制度が改正されたことに伴って、女性の再婚禁止期間の規定（令和4年改正前733条）も廃止されました。すなわち、嫡出制度の改正が行われることで嫡出推定の重複により父が定まらない状況が生

第2章
嫡出推定制度の見直し

じないことになり、女性の再婚禁止期間を設ける必要がなくなったため、令和4年改正前733条の規定は廃止されました。

（3）　なお、改正前民法においては、婚姻成立の日から200日以内に生まれた子について、嫡出子として出生届を提出するか、嫡出でない子として出生届を提出するかを選択することができましたが、嫡出推定制度の改正に伴い、令和4年改正後772条1項後段に基づき夫の子として推定されることから、嫡出でない子として出生届を提出することは、嫡出否認の訴えにより夫の子であることが否認されるなど例外的な場合を除き、できなくなりました。

2　子又は母は、自ら嫡出否認の訴えを提起し判決を得たうえで、（前）夫を父としない出生の届出をすることが可能となりました。

令和4年改正前774条は子の父とされる夫のみが嫡出否認の訴えを提起することができるとされていたため、嫡出否認の訴えを提起するためには夫の協力が必要となり、夫の協力が得られない場合には夫の子と記載されるのを防ぐため、母が出生届を提出せず子が無戸籍になるという状況がありました。

このような状況を解決するため、令和4年改正後774条は子及び母が嫡出否認の訴えを提起することができる旨を規定しました。

なお、嫡出否認制度の見直しの趣旨が子の最善の利益を図ることにあることから「子の利益を害することが明らかなとき」（令和4年改正後774条3項）は母の固有の嫡出否認権の行使は制限されています。

また、母固有の嫡出否認の訴え提起を認めたことに伴い、嫡出の承認（令和4年改正後776条）において、母も同規定の対象とされました。

3　子が嫡出否認の訴えを提起することができるようになったことに伴い、子の監護に要した費用の償還請求の制限が規定されました（令和4年改正後778条の3）。すなわち、嫡出であることが否認された場合に父が支

第**2**編　令和4年改正

出した子の監護に要した費用が法律上の原因を欠くものとして不当利得返還請求の対象となるとすると、子が監護費用の返還を防ぐために嫡出否認の訴えを提起しないということが生じ得るため、子の利益を保護するという観点から、子の監護に要した費用の償還請求は制限されました。

4　また、嫡出であることが否認され前夫の子と定められ、かつ、前夫がすでに死亡し遺産分割が終了している場合、子を含む相続人全員で遺産分割のやり直しを行うとすると法律関係が不安定になるため、令和4年改正後778条の4において、遺産分割の請求は価格のみによる支払の請求により行うとされました。

5　嫡出推定制度の改正に伴い女性が婚姻前に懐胎した子であっても婚姻が成立した後に生まれた子は夫の子と推定される（令和4年改正後772条1項後段）ことから、その子について夫以外の男性による胎児認知がされたときその子は夫の子と推定されるのか、胎児認知した男性の子となるのかについて規定を設ける必要があります。そのため、令和4年改正後783条2項において、772条の嫡出推定規定により子の父が定められるときは胎児認知は効力を生じないとされました。

6　子の身分関係の早期安定により子の利益を図るという嫡出推定制度の改正の趣旨から、認知無効の訴えの制度についても改正がなされました（令和4年改正後786条1項）。すなわち、令和4年改正前786条において認知無効の訴えについては子その他の利害関係人が期間の制限なく主張することができるとされていました。かかる状況では嫡出でない子の身分関係が不安定であることから、令和4年改正後786条1項にて、認知無効を主張することができるものを子又はその法定代理人、認知した者及び子の母に限定し、期間を原則として認知等の時から7年以内に制限しました。

（土方　恭子）

第3章

女性の再婚禁止期間の廃止

Q52 女性の再婚禁止期間が廃止された経緯を教えてください。

ポイント

① 旧民法の再婚禁止規定を引き継いだ昭和22年民法は、女性の再婚禁止期間を6か月と規定していました。
② 最高裁大法廷判決によって、女性の再婚禁止期間のうち100日を超える部分は違憲であると判断されました。
③ 最高裁違憲判決をうけて、平成28年法改正により、女性の再婚禁止期間が100日に短縮されました。
④ 令和4年改正法による嫡出推定制度の見直しにより、父性の推定期間の重複がなくなったため、再婚禁止期間が廃止されました。

1 旧民法の再婚禁止規定

　再婚禁止期間は、婚姻の解消又は取消しの日から一定期間を経過しなければ再婚することができない期間を指し、令和4年改正まで、民法には、女性にのみ再婚禁止期間を定めた規定がありました。これは、嫡出推定規定との関係で、婚姻解消等の後に生まれた子について、前夫と再婚夫の双方に嫡出が推定されるのを避けて父の確定の困難を避け、父子関係を早期に定めて子の身分関係の安定を図ることを目的にしていました。

　明治当初、女性の再婚禁止期間は、300日とされていました。これが、旧民法編纂時には、諸外国の例を参考にしつつも、再婚禁止期間の趣旨を

197

第2編 令和4年改正

「血統の混乱を避けるため」とし、当時、懐胎の有無を確定するために必要な期間として6か月必要であるとの専門家の意見から、旧民法767条においては、再婚禁止期間を6か月と規定することになりました（判タ1421号64頁）。

憲法24条2項において婚姻における個人の尊厳と両性の平等が謳われたことにより、家制度が廃止され、民法の婚姻及び家族に関する規定は大幅に変更されました。しかし、昭和22年改正民法でも、女性についてのみ再婚禁止期間を6か月と定めた旧民法767条の規定は、嫡出推定規定である旧民法820条の規定とともに、そのまま引き継がれました（判タ1421号68頁）。そして、平成16年の民法の現代語化により、再婚禁止期間は、次のように規定されていました。

733条 女は、前婚の解消又は取消しの日から六箇月を経過した後でなければ、再婚をすることができない。

2 女が前婚の解消又は取消しの前から懐胎していた場合には、その出産の日から、前項の規定を適用しない。

---

2 平成27年最高裁違憲判決

女性のみに対する6か月の再婚禁止規定は、平成27年12月の最高裁大法廷判決によって、100日超の部分が、憲法14条1項に違反するとともに、憲法24条2項にも違反すると判断されました（最大判平成27年12月16日民集69巻8号2427頁）。

この最高裁大法廷判決は、再婚禁止規定の立法目的は、女性の再婚後に生まれた子について父性の推定の重複を回避し、父子関係をめぐる紛争の発生を未然に防ぐことにあり、父子関係が早期に明確になることの重要性に鑑みると、このような立法目的には合理性を認められると判断しつつも、当時の嫡出推定規定によると、女性の再婚後に生まれる子については、計算上100日の再婚禁止期間を設けることによって父性の推定の重複が回避

されることから、100日超過分については、父性の推定の重複を回避するために必要な期間ということができず、立法目的との関連において合理性を欠くから、憲法14条1項に違反するとともに、憲法24条2項にも違反すると判断しました。

3 平成28年改正による再婚禁止規定

上記2の最高裁違憲判決を受けて、再婚禁止期間が100日に短縮され、改正前733条は、次のように規定していました。

> **733条** 女は、前婚の解消又は取消しの日から起算して百日を経過した後でなければ、再婚をすることができない。
> 2 前項の規定は、次に掲げる場合には、適用しない。
> 　一 女が前婚の解消又は取消しの時に懐胎していなかった場合
> 　二 女が前婚の解消又は取消しの後に出産した場合

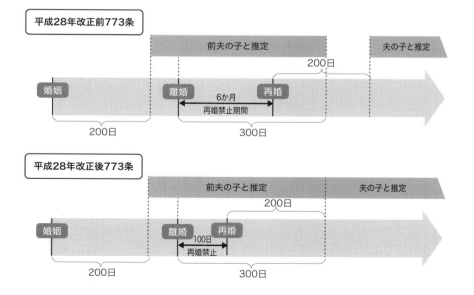

4 令和4年改正 ― 再婚禁止期間の廃止

　令和4年改正では、嫡出推定の規定の見直しにより、父性推定の重複が生じなくなりました。そこで、再婚禁止期間を設けることの必要性・合理性を基礎づける前提自体が消滅したため、改正法では、女性の再婚禁止期間を定めた改正前733条が削除され、再婚禁止期間は廃止されました（佐藤隆幸編「一問一答令和4年民法等改正親子法制の見直し」（商事法務、2024年）94頁）。

　再婚禁止期間の廃止により、再婚禁止期間内にした婚姻の取消しの規定（令和4年改正前746条）も削除されました。また、父を定める訴えについては、改正前は、再婚禁止期間内に再婚した女性が出産した子の父を定めることができないときに裁判所が父を定める規定とされていましたが、再婚禁止期間が廃止されたことで、父を定める訴えの規定（令和4年改正後773条）は、重婚の禁止の規定（民法732条）に違反して婚姻した女性が子を出産した場合の規定に改正されました。

（後藤　智子）

第4章

嫡出否認制度の見直し

 嫡出否認制度に関する規律の見直しがされた理由を教えてください。

ポイント

① 嫡出否認の訴えの出訴権者が夫のみに限定されていたことが、ひいては無戸籍者増加に繋がるとの問題点が指摘されていたことから、嫡出否認の出訴権者の範囲が見直されました。

② 嫡出否認の訴えの出訴期間が、子の出生を知ってから1年以内とされていたことにつき、嫡出否認権を行使すべきかを判断する期間として短すぎるとの意見を踏まえ、出訴期間が見直されました。

③ 嫡出否認の訴えが認められた場合に、父であった者が支出した子の監護に要した費用の償還について、子の利益保護の観点から、子が償還義務を負わないことが明文化されました。

1 嫡出否認の訴えの出訴権者の範囲が見直された理由

(1) 令和4年改正前民法の問題点

令和4年改正前民法は、嫡出否認の訴えの出訴権者を夫のみとしていたため（令和4年改正前774条参照）、このことが、無戸籍者問題に繋がるとの指摘がありました。すなわち、嫡出推定により推定された父子関係を覆すには、嫡出否認の訴えによらなければなりませんが、改正前の民法下において固有の否認権を認められていない母は、夫の協力を得られなければ嫡出否認をすることができませんでした。そのため、（前）夫の協力を得

第2編 令和4年改正

られない母や、夫から家庭内暴力を受けている母等が、夫の子として出生の届出をしたくないと考えた場合、出生届を提出しないため、子が戸籍に記載されないという事態が生じていました（令和4年部会資料25－2・11頁）。

このような経緯から、無戸籍者問題を解消するために、出訴権者の範囲を母にも拡大すべきとする議論がありました。

このほかにも、「推定される父と生物学上の父が一致しない場合に生じ得る問題は多様であって、夫のみならず、法律上の父子関係の当事者である子及びその母にとっても重大かつ切実な利害を及ぼすにもかかわらず、」改正前民法では、「子が嫡出であることを否認するか否かは夫の意思のみにかかることとなり、事案に応じた適切な解決を図ることができない場合がある」と指摘されていました（令和4年部会資料25－2・11頁）。

そこで、「法律上の父子関係の当事者である子のほか、子の生物学上の父が誰であるかを最もよく知り、最終的に法律上の父としての地位が認められる者と共に子を養育する主体となる母に対し、そのイニシアティブで嫡出否認の訴えを提起する権利を認めることが相当である」とされ（令和4年部会資料25－2・11～12頁）、出訴権者の範囲が夫（父）のみでなく、子、子の母、元夫にも拡大されました（詳しくは**Q54**を参照）。

(2) 出訴権者による否認の訴えの制限

他方で、出訴権者が拡大されれば、嫡出否認の訴えが、子の利益を害する意図で提起されたり、部外者が家庭の問題に介入し得る事態となったりして、子の身分関係の早期安定を図るという嫡出推定制度の趣旨が損なわれる危険性があります。そこで、令和4年改正後民法では、母や元夫による嫡出否認権の行使に関し、「その否認権行使が子の利益を害することが明らかな」場合には訴え提起が認められないことが規定され（令和4年改正後774条3項、4項）、また、父又は母が子の出生後に、嫡出であることを承認したときは否認権を失うことが規定される等しており（令和4年改正後776条）、出訴権者による否認の訴えを制限して、子の利益保護が図

第**4**章
嫡出否認制度の見直し

られているといえます。

2　嫡出否認の訴えの出訴期間が見直された理由

⑴　令和４年改正前の問題点

令和４年改正前777条では、嫡出否認の訴えの出訴期間について、「子の出生を知った時から一年以内」とされていました。

しかし、嫡出否認権を行使するか否かは、単に生物学上の親子か否かのみで判断されるものではなく、夫婦の関係性や、夫婦の生まれた子を養育する意思等を踏まえ、慎重に吟味する期間が必要です。他方、「子の発達に関する一般的な知見によれば、子の認知・記憶は4歳前後に大きく発達し、5歳頃には出来事の記憶が長期にわたって残るようになるとされていること」（令和4年部会資料25－2・14頁）から、3歳頃までには父子関係が確定することが望ましいと考えられます。

そこで、嫡出否認の訴えの出訴期間につき、子及び子の母については、子の出生から3年以内（令和4年改正後777条2号、3号）、前の夫については、子の出生を知った時から3年以内（詳細は**Q55**を参照）とされました（令和4年改正後777条4号）。

⑵　子の出訴期間に関する例外

子の嫡出否認の訴えにつき、子は、法律上の父子関係の一方当事者であり、子が自らの判断で否認権を行使することができる機会を与えることが相当です。しかし、子の出訴期間は原則として子の出生から3年以内とされており（令和4年改正後777条2号）、この間は幼少のため、事実上子が自らの意思で否認権を行使するか否かを判断することができません。そこで、嫡出否認権を行使するか否かについての子の意思を尊重すべく、子が提起する嫡出否認の訴えについては、一定の要件を満たす場合（詳しくは**Q55**を参照）には、子が21歳に達するまでの出訴期間の特則を設けることとされました（令和4年改正後778条の2第2項）。

203

3 子が監護に要した費用の償還義務を負わないことが明文化された理由

　嫡出否認の訴えが認められた場合、否認の効果が子の出生の時に遡って生ずるため、嫡出否認により元父が、子に対して負っていた扶養義務（民法877条1項）も遡及的に失われることになります（詳細は**Q56**を参照）。そうすると、嫡出否認をした元父が、父として扶養義務を果たしたことで、子の監護に要する費用の支出を免れたといえる者（子、子の母、元父の子であることが否認された後、子について新たに父として定められた者）に対して不当利得返還請求を求めることが考えられます。しかし、この点については、特別の明文がなく、不当利得（民法703条）の解釈によるものとされていました。

　この点、子が自ら否認権を行使する場合に、将来父に対して扶養料の返還義務を負うこととなると、子が否認権行使を躊躇し、事実上、子による否認権行使を困難にするおそれがあり、嫡出否認権者を拡大した令和4年改正後775条の趣旨を没却しかねません。そこで、否認権の行使により、子の父であることが否認された者は、子に対しては、自らが支出した「子の監護に要した費用」の償還を求めることができないことが明文化されました（令和4年改正後778条の3）。

　なお、否認権の行使により子の父であることが否認された者による、本来の扶養義務者に対する不当利得返還請求が認められるか否か、また、認められるとして、どの範囲で認められるのかについては、明文化されず、引き続き解釈に委ねられます（詳細は**Q56**を参照）。

（福田　青空）

第4章
嫡出否認制度の見直し

Q54 改正後の嫡出否認権者の範囲について教えてください。

ポイント

① 令和4年改正前民法では、嫡出否認権者は、子の父だけでしたが、令和4年民法改正により、子及び子の母にも嫡出否認権が認められるようになりました。
② 母の離婚後300日以内に生まれた子であって、母が前夫以外の男性と再婚した後に生まれた場合には、前夫にも嫡出否認権が認められるようになりました。
③ 母及び前夫による「嫡出否認権の行使が子の利益を害することが明らかなとき」は、嫡出否認権の行使が制限されることになります。
④ 子の嫡出を承認したときは、父だけでなく、母も否認権を失うことが規定されました。

1 嫡出否認権の行使権者の範囲を拡大した理由

改正前民法では、嫡出否認権者を夫のみとしていました（令和4年改正前774条参照、なお、人事訴訟法上では、夫に成年後見開始の審判がなされている場合にはその成年後見人が〔人事訴訟法14条1項〕、夫が子の出生前に死亡したとき等にはその子のために相続権を害される者その他夫の3親等内の血族が〔人事訴訟法41条1項〕出訴権者となります。）。しかし、「（前）夫の協力を得られない母や、夫から家庭内暴力を受けている母などが、その子が戸籍上（前）夫の子と記載されることを避けるために出生届を提出しないことがあり、このことが無戸籍者問題の原因となっている」との指摘がされていました（令和4年部会資料25－2・11頁）。このほかにも、「推定される父と生物学上の父が一致しない場合に生じ得る問題は多様であって、夫のみならず、法律上の父子関係の当事者である子及びその母にとっても重大かつ切実な利害を及ぼすにもかかわら

ず、」改正前民法では、「子が嫡出であることを否認するか否かは夫の意思のみにかかることとなり、事案に応じた適切な解決を図ることができない場合がある」との指摘がありました（令和4年部会資料25－2・11頁）。

　これらの指摘を踏まえ、令和4年民法改正により、子及び母にも嫡出推定に対する否認権（嫡出否認権）が認められるようになりました（令和4年改正後774条1項、同条3項）。

　また、母の離婚後300日以内に生まれた子であって、母が前夫以外の男性と再婚した後に生まれたもので、当該再婚後の夫の子と推定される場合（令和4年改正後772条3項）、真実は前夫が子の生物学上の父であるときには、前夫が子の法律上の父となることを可能とすることが相当といえます。そこで、民法772条3項で子の父が定められる場合には、前夫にも嫡出推定に対する否認権（嫡出否認権）が認められることとされました（令和4年改正後774条4項）。

2　子による嫡出否認権の行使

　改正前民法では、嫡出否認権が夫に限定されていました（令和4年改正前774条参照）。しかし、子については、法律上の父子関係の当事者であることから、嫡出推定規定により父と定められた者との間に、生物学上の父子関係がない場合には、原則として、当該推定を否認することができる地位を認めることが相当です。そこで、令和4年改正後774条1項により、子の否認権が規定されました。

　子の否認権については、原則として、子の出生の時から3年以内に嫡出否認の訴えを提起する必要があります（令和4年改正後777条2号）。しかし、子の出生から3年以内だと、子は未だ幼少のため、事実上子が自らの判断で行使することはできません。そのため、子の親権を行う母又は子の未成年後見人が子のために当該否認権を行使することができると定められています（令和4年改正後774条2項）。

3　子の母による否認権行使が制限される場合

　母固有の利益のために否認権を行使する場合であっても、それが子の利益を害する意図で行われるなど権利の濫用に当たる場合まで、母による否認権の行使を認めるべきではありません。そこで、このような場合に否認権行使が許されないことを明らかにするため、母による否認権行使が「子の利益を害することが明らかなときは」、制限されることとされました（令和4年改正後774条3項但書）。

　具体的にいかなる場合に、母による否認権の行使が「子の利益を害することが明らかなとき」といえるかは、個別具体的な事案に応じて判断されるべきものですが、例えば、「①父母がその離婚時に子の親権を巡って争いとなり、裁判手続によって子の親権者が父と定められ、その後、特段の事情の変更がないにもかかわらず、母が否認権を行使した場合、②母が親権者である場合でも、例えば、児童虐待を行っている母が、父による親権喪失の審判の申立てなどの関与を排除する目的で否認権を行使するなど、仮に母が親権者として子の否認権を代わって行使した場合、③母が親権を喪失し又は停止されている場合で、自らによる養育の見込みや新たに子の法律上の父となる者がなく、否認後に子が適切に養育されないことが予想されるにもかかわらず、否認権を行使する場合などが、その例として挙げられ」ています（令和4年部会資料24・13頁）。

4　前夫による否認権行使が制限される場合

　前夫の否認権については、前夫が再婚後の夫婦の家庭に介入することを認めるものであり、前夫について否認権の行使を正当化するだけの事情が必要であること等から、前夫は、「その否認権の行使が子の利益を害することが明らか」でないときに限り、子が嫡出であることを否認することができるものとされました（令和4年改正後774条4項但書）。

　ここにいう「子の利益を害することが明らか」でないといえるかは、個別事情によりますが、前夫が子の父として自ら子を養育する意思がないに

もかかわらず嫡出否認をする場合には、「子の利益を害することが明らか」であるといえると考えられます。例えば、子が前夫によって懐胎されたものであるときは、基本的に、前夫が子の父として自ら子を養育する意思があり、「子の利益を害することが明らか」でないといえる一方で、子が前夫によって懐胎されたと認めるに足りないときは、そもそも前夫に真に子の父として自ら子を養育する意思があるかは疑わしいうえ、さらに子や母が前夫を父とすることに異議を述べているような場合には、将来、子や母が前夫の子であるとの推定を否認する事態が生じ得ることから、「子の利益を害することが明らか」であるといえると考えられます（令和4年部会資料24・14頁）。

5　父又は母による嫡出の承認があった場合

　嫡出の承認とは、「嫡出推定を受ける子が真に自己の嫡出子である旨を積極的に肯定し、または消極的に否認権を行使しないことを表明する意思表示」をいいます（二宮周平編「新注釈民法(17)親族(1)」（有斐閣、2017年）586頁）。

　令和4年改正前776条では、夫（父）が子の嫡出を承認した場合に否認権を失うことが規定されていましたが、令和4年民法改正で、嫡出否認権者として母が追加されたことに伴い、母も嫡出を承認した場合には否認権を失うことが規定されました（令和4年改正後776条）。

　なお、妻が、夫の同意を得て、夫以外の男性の精子（その精子に由来する胚を含む。）を用いた生殖補助医療により懐胎した子については、夫、子又は妻は、令和4年改正後774条1項、3項の規定にかかわらず、その子が嫡出であることを否認することができないとされ、民法の特例が定められています（生殖補助医療の提供等及びこれにより出生した子の親子関係に関する民法の特例に関する法律10条）。

　この規定の趣旨は、夫婦間の合意で行われた生殖補助医療により生まれた子については、「その子が嫡出であることを誰からも否定されるべきも

第4章
嫡出否認制度の見直し

のではないとして、」「その嫡出否認権を制限し、もって子の身分関係の安定を図るという点」にあります（佐藤隆幸「一問一答令和4年民法等改正　親子法制の見直し」（商事法務、2024年）140頁参照）。

この点について、父母と異なり、子については、自らの意思で、生殖補助医療を利用したわけでなく、嫡出否認権を認めるべきとも思えます。しかし、それでも、同条によって子の否認権が制限される理由は、生殖補助医療を利用したにもかかわらず、生物学上の父子関係がないことを理由に、出生後法律上の父子関係を否定することができることとすると、第三者の提供精子を用いた生殖補助医療を行った意義を失わせることになるため、子についても、同条の趣旨が妥当するからです。

ただし、生殖補助医療を利用した多くのケースにおいては、一定の社会的な父子関係が円満に形成され得ると考えられるため、この点の改正が実務に与える影響は小さいものと考えられます。

（福田　青空）

第2編 令和4年改正

Q55 改正後の嫡出否認の訴えの出訴期間について教えてください。

ポイント

① 嫡出否認の訴えの出訴期間について、夫及び前夫については子の出生を知った時から3年以内、子及び母については子の出生から3年以内とされました。

② 子については、父との同居期間が3年を下回る場合には、その否認権行使が父による養育の状況に照らして父の利益を著しく害するときを除き、子が21歳になるまでの間、嫡出否認の訴えの提起を認めることとされました。

③ 前夫については、子が成年に達した後は嫡出否認の訴えを提起することができないことが定められました。

A

1 嫡出否認権の出訴期間が伸長された趣旨

令和4年改正前777条では、嫡出否認の訴えの出訴期間について、「夫が子の出生を知った時から一年以内」とされていました。最高裁は、嫡出否認の訴えの出訴期間が1年とされていることについて、「身分関係の法的安定を保持する上から十分な合理性をもつ」として、憲法13条、同14条に違反しないと判示していました（最判昭和55年3月27日家月32巻8号66頁）。

しかし、夫が否認権を行使するかどうか決断するには、「生物学上の父子関係の不存在についての確信の程度、従前の夫婦関係、夫婦の婚姻関係を継続する意思の有無、生まれた子を養育する意思の有無など様々な事情を考慮」する必要があり、「子の出生を知った時から1年という期間は不十分であ」るとの指摘があり、出訴期間を伸長する必要性があるとされていました（令和4年部会資料9・21頁）。他方、嫡出否認の訴えに出訴期間が設けられた趣旨は、子の身分関係の早期安定や夫婦の家庭の平穏の維持

にあり、これらの趣旨からすれば、あまりに長期の出訴期間を認めることは望ましくありません。法制審議会親子法制部会では、これらの点を踏まえて、出訴期間を3年とする案と5年とする案が検討されました。しかし、「子の発達に関する一般的知見によれば、子の認知・記憶は4歳前後に大きく発達し、5歳頃には出来事の記憶が長期にわたって残るようになるとされて」おり（令和4年部会資料25－2・14頁）、3歳頃までには父子関係が確定していることが望ましいと考えられることから、父による嫡出否認の訴えの出訴期間について、子の出生を知った時から3年以内とされました（令和4年改正後777条1号）。

　また、令和4年民法改正により、子、子の母、及び前夫にも嫡出否認権が認められるようになったところ（**Q54**参照）、子などが嫡出否認権を行使するか否かの判断を適切に行うために十分な期間を実質的に保障する必要性があること、前述のとおり、一般に3歳頃までには父子関係が確定することが望ましいこと等を踏まえ、子及び子の母による嫡出否認の訴えの出訴期間については、子の出生から3年以内（令和4年改正後777条2号、3号）、前の夫による嫡出否認の訴えの出訴期間については、子の出生を知った時から3年以内とされました（令和4年改正後777条4号）。

2　子が自ら否認権行使するための嫡出否認の訴えの出訴期間の特則

　前述のとおり、子による嫡出否認の訴えの出訴期間は、原則として子自らの出生の時から3年以内です（令和4年改正後777条2号）。改正後774条2項により、子の親権を行う母又は子の未成年後見人が子に代わって当該否認権を行使することはできますが、子は、自らの出生の時から3年以内では、未だ幼少のため、自らの意思で判断して行使することはできません。しかし、子は、法律上の父子関係の一方当事者であり、子には自らの判断で否認権を行使することができる機会を与えることが相当です。そこで、子は、21歳に達するまで嫡出否認の訴えを提起することができるとされ、出訴期間の特則が設けられました（令和4年改正後778条の2第2項）。

もっとも、子が一定の年齢に達した後に、無条件に嫡出否認の訴えを提起することができるとなると、生物学上の父ではない夫は、将来的に当該訴えによって父としての地位を失う可能性のあるため、当初から子に対して適切な養育を行う意欲にも欠け、結果的にかえって子の利益が害される可能性があります。

そこで、子は、その父と継続して同居した期間（当該期間が2以上あるときは、そのうち最も長い期間）が3年を下回るときという要件を充足しない限り、嫡出否認の訴えを提起することができないものとされました（令和4年改正後778条の2第2項本文）。加えて、子は、同居した期間が3年を下回るときであっても、「子の否認権の行使が父による養育の状況に照らして父の利益を著しく害するとき」も、嫡出否認の訴えを提起できないこととされました（令和4年改正後778条の2第2項但書）。

同条が「「継続して同居した期間が3年を下回るとき」」を要件とした趣旨は、同居自体が社会的な親子関係の実態を基礎付けるものであるほか、同居をしているときは、通常、子の扶養等を行っていると考えられることから、同居が3年に満たないことを法的に推定される親子関係が社会実態としては形骸化していることを示す客観的な事情として最低限必要としたもの」です（令和4年部会資料25－2・16頁）。

また、「子の否認権の行使が父による養育の状況に照らして父の利益を著しく害する」という要件は、子と父が「継続して同居した期間が3年を下回る場合であっても、父が3年以上の期間継続的に養育費の支払をしていたときや、3年に満たない期間を断続的に同居しその合計期間が3年を上回るときなど、3年以上の継続した同居と同程度に社会的な親子関係が形成されている事案に限り、その要件に該当する」とされています（令和4年部会資料25－2・16頁）。

3 子が成年に達した場合の元夫の嫡出否認の訴えの出訴期間

母の離婚後300日以内に生まれた子であって、母が前夫以外の男性と再

婚した後に生まれた場合には、前夫が否認権行使するための嫡出否認の訴えの出訴期間は、子の出生を知った時から3年以内に限定されています（令和4年改正後774条4項、同777条4号）。前夫については、既に子の母との婚姻関係が解消されているため、「子の出生を知らないまま長期間が経過し、起算点から3年が経過する前に子が成年に達するという事態が想定され」ます。しかし、「前夫の否認権が、再婚後の家庭に介入し、子との間に新たに法律上の父子関係を成立させる側面を有するものであることを踏まえると、子が成年に達するほどの長期間が既に経過している場合において、なおも前夫の否認権を認めることは、再婚後の家庭の平穏を過度に害」することになり妥当ではありません（令和4年部会資料24・16頁）。そこで、前夫については、子が成年に達した後は、嫡出否認の訴えを提起することができないものとされました（令和4年改正後778条の2第4項）。

4 嫡出推定が否認された場合の嫡出否認の訴えの出訴期間の特則

　母が子を懐胎した時から子の出生の時までの間に2回以上婚姻をしていた場合において、その出生の直近の婚姻における夫の子と推定されるケースで（令和4年改正後772条3項）、かつ、嫡出否認された場合は、否認された夫との婚姻を除く直近の婚姻における夫の子と推定されます（同条4項）。この場合、同条4項の規定により読み替えられた同条3項の規定により新たに子の父と定められた者、子、母及び前夫の出訴期間は、嫡出否認の裁判が確定したことを知った時から1年以内に限定されることとなります（令和4年改正後778条）。

（福田　青空）

第2編 令和4年改正

Q56 子の監護費用の償還の制限について教えてください。

ポイント

① 否認権の行使により子の父であることが否認された者は、子に対しては、自らが支出した「子の監護に要した費用」の償還を求めることができないことが明文化されました。

② 「子の監護に要した費用」とは、父が、その扶養義務に基づき、子の成長や発達のために支出した費用をいい、子の養育とは直接の関係のない不動産の贈与等は、これに該当しないと考えられます。

③ 否認権の行使により子の父であることが否認された者による、本来の扶養義務者に対する不当利得返還請求が認められるか否か、また、認められるとして、どの範囲で認められるのかについては、引き続き解釈に委ねられます。

A

1 問題の所在

嫡出否認の訴えの効果については、解釈上、一般に、嫡出否認の調停が成立し又は嫡出否認の判決が確定したときは、民法772条により推定される父子関係は遡及的に失われるとされていました（二宮周平編「新注釈民法(17)親族(1)」（有斐閣、2017年）576頁）。令和4年民法改正では、嫡出否認の効果について、明文化されませんでしたが、遡及効であるとの解釈は従前と変わらないものと考えられます。

そうすると、嫡出否認の訴えが認められた場合、否認の効果が子の出生の時に遡って生ずるため、嫡出否認により元父が、子に対して負っていた扶養義務（民法877条1項）も遡及的に失われることになります。そこで、嫡出否認をした元父が、父として扶養義務を果たしたことにより、子の監護に要する費用の支出を免れたといえる、子や本来の扶養義務者（子の母や、元父の子であることが否認された後、子について新たに父として定め

第4章
嫡出否認制度の見直し

られた者）に対して不当利得の返還を求めることができるのかというのが、ここでの問題です。

2　元父の子に対する不当利得返還請求

　前述のとおり、嫡出否認の効果は、子の出生の時に遡って生じます。そのため、元父が、子に対して扶養を行っていた場合には、嫡出否認により当該扶養の法律上の原因である養義務も遡及的に失われることになるから、不当利得法の観点からは、元父は子に対して不当利得の返還を求めることができるとの考え方が成り立ち得えます（令和4年部会資料23・24～25頁）。

　もっとも、「元父が負担した子の監護のための費用は、経済的に自立していない者の生活を保障するという扶養の性質を有するものであり、特に、未成熟の子に対して父母が行う養育として負担されたもの」です。「そして、嫡出推定制度が、子の身分関係の早期安定を図るために、生物学上の父子関係の存否に関わらず、母の夫を子の父と推定し、法律上の父としての責任を負わせることとしていることをも併せて考えると、子の利益を保護する観点から、当該推定が事後的に否認された場合であっても、推定される父が子の監護のために負担した費用の償還を認めることは相当でないと考えられ」ます。また、「特に子が自ら否認権を行使する場合に父に対して扶養料の返還義務を負うこととなると、事実上、子からの否認権行使を困難にするおそれがあり、このような観点からも、元父による子の不当利得の返還請求は認めないものとすることが相当であると考えられ」ます（令和4年部会資料23・13頁）。

　この点については、「子は、現に利益の存する限度において返還すれば足り、扶養のための利得の返還請求を求められることはないとの解釈も成り立ち得るものの、現存利益があるとの解釈も否定されないことからすると、子が、元父から不当利得の返還請求を受けるおそれがあることは否定でき」ません（令和4年部会資料23・13頁）。

215

第**2**編　令和4年改正

　そこで、元父の子に対する償還請求について、令和4年民法改正により、否認権の行使により子の父であることが否認された者は、子に対しては、自らが支出した子の監護のための費用の償還を求めることができないと規律されました（令和4年改正後778条の3）。この規律により、否認権の行使により子の父であることが否認された者は、子に対して、自らが支出した子の監護のための費用の償還を求めることができないことが明文化されました。

3　「子の監護のための費用」の範囲

　令和4年改正後778条の3における「子の監護のための費用」とは、「父が、その扶養義務に基づき、子の成長や発達のために支出した費用」をいいます（佐藤隆幸「一問一答令和4年民法等改正親子法制の見直し」（商事法務、2024年）90頁）。

　具体的にどのような費用がこれに該当するかは個別の事情によりますが、「例えば、父が子の日常生活や、子の成長のために当然に必要とされる教育費はこれに含まれる一方で、子の養育とは直接の関係のない、不動産の贈与等はこれに該当せず、後者の効力は、錯誤等の法律行為一般の規律に従うことになると考えら」れます（令和4年部会資料23・14頁）。

4　元父の本来の扶養義務者に対する不当利得返還請求

　未成熟の子については、子の父のみならず、母も同一順位で扶養義務を負っており（民法877条1項）、父との間では、その資力に応じて子を扶養する義務を負っていることから、元父が子を扶養したことによって子の母が扶養義務を免れたといえる場合には、元父から母に対する不当利得の返還請求が問題となります。また、元父の子であることが否認された後、子について新たに父が定められた場合（認知により子の父となった場合及び772条4項の規定により読み替えられた772条3項の規定により父が定められた場合）には、当該父も子の出生の時に遡って子に対す

る扶養義務を負うこととなるため、元父が子を扶養したことによって扶養義務を免れたといえる場合には、不当利得の返還が問題になります（令和4年部会資料23・14頁）。

この点については、「扶養義務を負わない第三者が要扶養者を事実上扶養した場合には、事務管理又は不当利得を理由として訴訟によって扶養義務者に対して求償することができるとする」裁判例（神戸地判昭和56年4月28日家月34巻109号93頁）や、「嫡出でない子の養育費について、子についての認知の審判が確定した直後に、養育費分担調停の申立てがされた場合には、認知の遡及効の規定に従って、認知された子の出生時に遡って分担額を定めることが相当であるとした裁判例」（大阪高決平成16年5月19日家月57巻8号86頁）もある「ことに照らせば、元父の本来の扶養義務者に対する求償の請求を認める余地があるとも考えられ」ます（令和4年部会資料23・15頁参照）。他方、仮に一律に父であった者から他の扶養義務者に対する求償を認めるような規律を設けた場合、高額の求償がなされることを懸念する母等が嫡出否認権の行使を躊躇するおそれがあるという問題点があります（令和4年部会資料24・11頁）。

結局、本来の扶養義務者に対する請求については、これが認められるか否か、また、認められるとして、どの範囲で認められるのかについて、定まった見解がないことから、特段の規律は置かずに、引き続き解釈に委ねることとされました（令和4年部会資料24・11頁）。

（福田　青空）

第**2**編 令和4年改正

Q57 相続開始後に子と推定された者の価格支払請求について教えてください。

ポイント

① 再婚後の夫の子であるという推定に対する嫡出否認が認められる場合、子は前夫の子と推定され、前夫の相続人となります。

② 嫡出否認が認められた時点で前夫が既に死亡し、かつ前夫の遺産分割も行われていた場合が想定されるところ、このような場合でも、子が遺産分割に関与していなかったとして、前夫の相続人全員で遺産分割自体のやり直しを行うことは、相当ではないと考えられます。

③ そこで、令和4年改正後民法で、民法778条の4が新設され、民法910条（相続開始後の認知された者の価格の支払請求権）を参考に、子は価額支払請求権のみを有することとなりました。

A
1 令和4年民法改正の背景

　　　令和4年民法改正により、子について、再婚後の夫の嫡出であることが否認されたときは、再婚後の夫と子との間の父子関係は出生の時に遡って消滅し、子は出生の時から前夫の子と推定されるようになりました（令和4年改正後772条4項）。

　加えて、嫡出否認の訴えの出訴権者の範囲が父のみならず、子、母、前夫にも拡大されるとともに（令和4年改正後774条、詳細は**Q54**を参照）、父の出訴期間については、父が子の出生を知った時から3年以内、子の出訴期間については、子の出生の時から3年以内、母の出訴期間については、子の出生の時から3年以内、前夫については、前夫が子の出生を知った時から3年以内に、それぞれ伸長されました（令和4年改正後777条、詳細は**Q55**を参照）。

　改正後は、嫡出否認調停・訴訟には相当期間を要することを考えれば、前夫の遺産分割終了後に、再婚後の夫の嫡出子であることの推定が否認さ

第4章
嫡出否認制度の見直し

れることも十分起こり得ることとなりました。具体的には、①子が後夫の子と推定（令和4年改正後772条3項）された後、②嫡出否認の訴えが認容されたことによって、③前夫の子と推定（同条4項）された場合に、③の時点において前夫が既に死亡していて、かつ、前夫を被相続人とする遺産分割が終了している場合が考えられます。

このような場合に、「新たに前夫の相続人としての地位を取得した子を含む共同相続人間で遺産分割協議をやり直すこと」は、「前夫の相続をめぐる法律関係をいたずらに不安定なものとするおそれがあり、相当とはいえないと考えられ」（佐藤隆幸「一問一答令和4年民法等改正親子法制の見直し」（商事法務、2024年）93頁）ます。

2　令和4年改正後778条の4の新設

このような背景を踏まえ、令和4年民法改正により、相続開始後に新たに子と推定された者の価額支払請求権に関して、民法910条（相続の開始後に認知された者の価格の支払請求権）を参考にして、令和4年改正後778条の4が新設されました。

この規定により、相続の開始後に第774条の規定によって嫡出否認権が行使され、新たに被相続人がその父と定められた子が、前夫の相続人として前夫の遺産分割を請求しようとする場合に、前夫の他の共同相続人が既に遺産分割等の処分をしていたときは、その子は、遺産分割に関して、価額のみによる支払いの請求権を有することになります。

そのため、上記のように①子が後夫の子と推定された後、②嫡出否認の訴えが認容されたことによって、③前夫の子と推定された場合に、③の時点において前夫が既に死亡していて、かつ、前夫を被相続人とする遺産分割が終了していたときは、前夫の子と推定された子は、前夫（被相続人）の他の共同相続人に対して、相続人全員による遺産分割のやり直しを請求することはできず、価額による支払いのみを請求できることになります。

（久保　俊之）

219

第2編 令和4年改正

第5章

認知無効の訴えの規律の見直し

Q58 認知無効の訴えの出訴権者の変更内容とその理由を教えてください。

ポイント
① 令和4年改正後786条1項では、認知無効の訴えの提訴権者を、子又はその法定代理人、認知した者、子の母に限定しました。
② 子の身分関係の安定を図るとともに、認知をする者の意思を尊重することが主な理由とされています。
③ 本改正に伴い、令和4年改正後人事訴訟法及び令和4年改正後家事事件手続法に出訴権者である認知をした者及び子が死亡した場合の承継についての規定が新設されました。

1 令和4年改正前786条の問題点

令和4年改正前786条は「子その他の利害関係人は、認知に対して反対の事実を主張することができる。」と規定しており、出訴期間について期間制限を設けておらず、出訴権者については「子その他の利害関係人」としていました。

このような規定より不利益を被ってきた代表的な例は、生物学上の父子関係がないにもかかわらず認知された嫡出でない子です。

嫡出でない子の中でも認知した者との間で生物学上の父子関係がない子の場合には、認知をした者の血族をはじめとする利害関係人が、父がした事実に反する認知（以下「不実認知」といいます。）の効力を争うために

認知無効の訴えを提起することで父子関係を否定することができたため、出訴期間が規定されていないことも相俟って嫡出でない子の身分関係がいつまでも不安定なままとされてきました。

　これは、嫡出否認の訴えの出訴権者が父のみと限定されており（令和4年改正前774条）、出訴期間も1年と限定されている（令和4年改正前777条）などの厳格な規律に復していることとの均衡を欠くものであり、身分関係の安定が図れないことから、認知が生物学上の父子関係に反する不実認知の場合であったとしても、認知の効力を争うことができる者や期間について制限を設けるべきであるという指摘がかねてよりされていました。

2　改正後の内容

　令和4年改正後786条1項は、子の身分関係の安定を図るとともに、認知をする者の意思を尊重すること等を理由として、認知無効の訴えの提訴権者を、子又はその法定代理人（同項1号）、認知した者（同項2号）、子の母（同項3号）に限定することを明記するとともに、各主張権者についても7年が経過した後は、不実認知が無効であることを主張できないものとしました。

　また、令和4年改正後人事訴訟法及び令和4年改正後家事手続家事手続法において、出訴権者である認知をした者又は子が認知無効の訴えを提訴しないで死亡した場合と提訴後に死亡した場合についての規律が新設されました。

　認知をした者が死亡した場合については、認知された子のために相続権を害される者その他認知をした者の三親等内の血族は、認知をした者が認知無効の訴えの原則的な出訴期間（認知をした時から7年間）内に認知無効の訴えを提起しないで死亡したときは、認知をした者が死亡した日から1年以内に限り、認知無効の訴えを提起することができるとし（令和4年改正後人事訴訟法43条1項、同法41条1項）、認知をした者が出訴期間内に認知無効の訴えを提起した後に死亡した場合には、認知をした者の死亡

の日から6か月以内に訴訟手続を受け継ぐことができるとしました（令和4年改正後人事訴訟法43条1項、同法41条2項）。

　子が死亡した場合については、子の直系卑属又はその法定代理人は、子が認知無効の訴えの原則的な出訴期間（子が認知を知った時から7年間）内に認知無効の訴えを提起しないで死亡したときは、子の死亡の日から1年以内に限り、認知無効の訴えを提起できるものとし（令和4年改正後人事訴訟法43条2項）、子が出訴期間内に認知無効の訴えを提起した後に死亡した場合には、子の死亡の日から6か月以内に訴訟手続を受け継ぐことができるとしました（令和4年改正後人事訴訟法43条3項）。

　なお、子の母が死亡した場合については、相続等の関係から更に承継を認める規律を設けることまでは必要がないとして承継規程を設けないこととなりました（令和4年部会資料25－2・25頁）。

3　実務に与える影響

　なお、令和4年改正後786条は、不実認知に関して規律を設けたものの、それ以外の認知無効及び認知取消の規律については設けないこととしました（令和4年部会資料21－2・21頁、令和4年部会資料25－2・28頁）。

　不実認知以外に認知の効力が否定され得る場合としては、①認知者が認知能力を欠く場合、②認知者が認知意思なく認知をした場合（最判昭和52年2月14日家月29巻9号78頁）、③届出がないにもかかわらず、過誤により戸籍上認知の記載がされた場合、④死亡した子に直系卑属がいないにもかかわらず、認知の届出が受理された場合、直系卑属があるとされた死亡した嫡出でない子を認知した後にその子と直系卑属との間に親子関係不存在確認が確定した場合（昭和30年5月11日民甲第908号回答）、⑤他人の子（嫡出推定が及ぶ子や既に認知されている子）の認知の届出が誤って受理された場合（昭和29年9月25日民事甲第1935号回答、昭和33年10月29日民事二発第509号民事局第二課長回答）、⑥遺言認知において遺言が方式違反となった場合（昭和56年4月6日付民事二発第2347号民事局第二

第5章
認知無効の訴えの規律の見直し

課長回答）等がありますが、これらの不実認知以外の理由に基づき認知の効力を否定する規程は改正前と同じく法律行為に関する一般的規定に従って規律されるものと考えられます（令和4年部会資料19・46 〜 47頁、令和4年部会資料20・43頁、令和4年部会資料21 − 2・21頁）。

　また、令和4年改正後786条1項は、不実認知の無効については、子の身分関係の安定を図るために、認知無効の訴えをもってのみ主張が可能であるとして、認知無効の性質については形成無効説の立場であることを明記しています（令和4年部会資料21 − 2・20頁）。これにより、前提問題や先決問題としての認知無効を主張することはできなくなりました。例えば、父の遺産確認の訴えにおいて、相続人の中に認知された嫡出でない子がいる場合、父との血縁関係がないことを理由として父の相続人としての当事者適格が否定されるのは、認知無効の訴えを別途提起し、当該訴えにおいて認知の無効が認められた場合に限られることになります。このような実務に与える影響については留意する必要があります（令和4年部会資料21 − 2・20 〜 21頁）。

　上記のように本改正が実務に与える影響は少なくないように思えますが、認知無効の訴えの件数は少なく、年間10件程度である（2021年3月18日日本弁護士連合会「民法（親子法制）等の改正に関する中間試案に対する意見書」）ことから、影響は限定的なものと思われます。

（大澤　隆太郎）

第2編 令和4年改正

Q59 認知無効の訴えの出訴期間が設けられた理由と期間について教えてください。

ポイント

① 認知をした者については認知をした時から、それ以外の者（子又はその法定代理人、子の母）については認知を知った時から、それぞれ7年間としています（令和4年改正後786条1項）。

② 認知は認知をした者による単独行為であり、認知をした者以外の者は認知がされた事実を当然には知ることができないことから、認知無効の訴えを提起する機会を実質的に保証する必要があること、期間制限は嫡出否認の訴えの原則的な出訴期間（令和4年改正後777条）との均衡の観点や身分関係の安定等が、出訴期間が設けられた理由とされています。

1 旧法の問題点

令和4年改正前786条は「子その他の利害関係人は、認知に対して反対の事実を主張することができる。」と規定しており、出訴期間は設けられていませんでした。

そのため、Q58と同様に、嫡出でない子の身分関係がいつまでも不安定なままであること、嫡出否認の訴えの出訴権者が父のみと限定されており（令和4年改正前774条）、出訴期間も1年と限定されている（令和4年改正前777条）などの厳格な規律に復していることとの均衡を欠くものであり、身分関係の安定が図れないことから、認知が生物学上の父子関係に反する不実認知の場合であったとしても、認知の効力を争うことができる者や期間について制限を設けるべきである、といった指摘がかねてよりされていました。

2　改正法の内容と実務に与える影響

　令和4年改正後786条1項では認知をした者については認知をした時（同項2号）から、それ以外の者（子又はその法定代理人、子の母）については認知を知った時（同項1号、3号）から、それぞれ7年間と定められました。

　この趣旨は、認知が認知をした者による単独行為であり、認知をした者以外の者は認知がされた事実を当然には知ることができないことから、認知無効の訴えを提起する機会を実質的に保証することにあります。

　そのため、令和4年改正後786条1項は、認知をした者以外の者については、実際に訴えを提起することが可能となる「認知を知った時」を起算点としました。

　出訴期間を7年間とした趣旨は、期間制限は嫡出否認の訴えの原則的な出訴期間が3年以内である（民法777条）こととの均衡の観点のほか、他の民法上の各種制度における期間制限の規定の在り方を参照するなどして、認知がされたことを前提とした身分関係の状態が継続した場合において、そのような状態を覆すことがもはや社会的に相当ではないと評価されるにいたる時間の経過として、7年間が合理的であるからとされています（令和4年部会資料21－2・25頁）。

　また、**Q58**でも述べたとおり、令和4年改正後786条1項は、不実認知の無効については、子の身分関係の安定を図るために、認知無効の訴えをもってのみ主張が可能であるとして、認知無効の性質については形成無効説の立場であることを明記しています（令和4年部会資料21－2・20頁）。これにより、前提問題や先決問題としての認知無効を主張することはできなくなりました。例えば、父の遺産確認の訴えにおいて、相続人の中に認知された嫡出でない子がいる場合、父との血縁関係がないことを理由として父の相続人としての当事者適格が否定されるのは、認知無効の訴えを別途提起し、当該訴えにおいて認知の無効が認められた場合に限られることになります。このような実務に与える影響については留意する必要があります（令和4年部会資料21－2・20～21頁）。

第**2**編 令和4年改正

　こちらも**Q58**でも述べましたが、令和4年改正後人事訴訟法及び令和4年改正後家事手続家事手続法において、出訴権者である認知をした者又は子が認知無効の訴えを提訴しないで死亡した場合と提訴後に死亡した場合についての規律が新設されました。

　認知をした者が死亡した場合については、認知された子のために相続権を害される者その他認知をした者の三親等内の血族は、認知をした者が認知無効の訴えの原則的な出訴期間（認知をした時から7年間）内に認知無効の訴えを提起しないで死亡したときは、認知をした者が死亡した日から1年以内に限り、認知無効の訴えを提起することができるとし（令和4年改正後人事訴訟法43条1項、同法41条1項）、認知をした者が出訴期間内に認知無効の訴えを提起した後に死亡した場合には、認知をした者の死亡の日から6か月以内に訴訟手続を受け継ぐことができるとしました（令和4年改正後人事訴訟法43条1項、同法41条2項）。

　子が死亡した場合については、子の直系卑属又はその法定代理人は、子が認知無効の訴えの原則的な出訴期間（子が認知を知った時から7年間）内に認知無効の訴えを提起しないで死亡したときは、子の死亡の日から1年以内に限り、認知無効の訴えを提起できるものとし（令和4年改正後人事訴訟法43条2項）、子が出訴期間内に認知無効の訴えを提起した後に死亡した場合には、子の死亡の日から6か月以内に訴訟手続を受け継ぐことができるとしました（令和4年改正後人事訴訟法43条3項）。

　子の母が死亡した場合については、相続等の関係から更に承継を認める規律を設けることまでは必要がないとして承継規程を設けないこととなりました（令和4年部会資料25－2・25頁）。

　令和4年改正後786条の規定により、認知無効の訴えが提起されることなく、7年間の出訴期間が経過した場合には、子との間に血縁関係がない者がした不実認知の場合であっても、民法上は有効なものとして扱われることが確定し、戸籍上も認知によって形成された親子関係の記載がそのまま維持されることとなります（令和4年部会資料25－2・24頁）。

なお、令和4年改正後786条の規定は、施行日（令和6年4月1日）以後にされる認知について適用され、施行日前にされた認知に対する反対の事実の主張については、なお従前の例によるとされていますので、令和4年改正前786条の規定が適用されることとなります（附則5条2項）。

上記のように本改正が実務に与える影響は少なくないように思えますが、認知無効の訴えの件数は少なく、年間10件程度である（2021年3月18日日本弁護士連合会「民法（親子法制）等の改正に関する中間試案に対する意見書」）ことから、影響は限定的なものと思われます。

（大澤　隆太郎）

第2編 令和4年改正

Q60 認知が無効となった場合、子の監護費用の償還制限が設けられた理由と、制限の範囲を教えてください。

ポイント

① 認知無効が認められた場合であっても、子は父に対し、父が支出した監護費用の償還義務を負いません。
② 償還制限が設けられたのは、本来父が子の監護に要する費用を負担することは、経済的に自立していない者の生活を保障する扶養の性質を有するものであること及び子が監護費用の償還負担を懸念するあまり認知無効の訴えを提起することを躊躇うといった事態は望ましくないこと等を考慮し、子の利益を保護するべきであるとの政策的観点を理由とします。
③ 「子の監護に要した費用」として認知が無効となるまで父であった認知をした者が扶養義務に基づいて子の成長や発達のために支出した費用は償還制限されることとなります。

1 改正の経緯

未成年の嫡出ではない子は、母の単独親権に服することとなりますが(民法819条4項)、認知をした父は子に対して扶養義務を負うため(民法877条1項)、子の監護に要する費用を負担すべき立場にあります。

「子の監護に要した費用」とは、父が、その扶養義務に基づき、子の成長や発達のために支出した費用をいうものと解されています。

具体的にどのような費用が該当するかは、個別の事案ごとに判断されることとなりますが、子の日常生活や子の成長のために必要な教育費等は当然にこれに含まれるものであると解されています（令和4年部会資料23・14頁）。

ところが、認知が無効とされた場合、当事者の父子関係は子の出生時に

第5章
認知無効の訴えの規律の見直し

遡って否定されるため、父が子の監護に要する費用として支出した費用は、法律上の原因を欠くものとして、不当利得返還請求（民法703条）の対象になります。

認知により父子関係が形成される時点での子の年齢には幅があるため、認知が無効とされた時点で、子が相当程度成熟していることも想定されるところです。

認知の無効についての請求が認容される判決又は審判の効果によって、出生の時に遡って父子関係がなかったことになりますから、扶養義務も遡及的に失われることとなります。

父が子の進学のために多額の費用を支出した後、認知が無効とされることがあれば、当然のことながら不当利得返還請求の対象となり得る金銭も多額となります。

しかしながら、本来父が子の監護に要する費用を負担することは、経済的に自立していない者の生活を保障する扶養の性質を有するものです。

これに加えて子が監護費用の償還負担を懸念するあまり認知無効の訴えを提起することを躊躇うといった事態は望ましくないこと等を考慮し、子の利益を保護するべきであるとの政策的観点から、認知が無効とされた場合であっても、子の監護のために負担した費用の子に対する償還を制限することが相当であると考えられたため、子の監護費用の償還制限に関する規定を新設することとなりました（令和4年部会資料23・24～25頁）。

なお、子の養育とは直接の関係のない特別受益に該当するような不動産の贈与等は「子の監護に要した費用」には該当しないため、償還を求めることができるかについては、錯誤等の法律行為一般の規律に従うことになると考えられます（令和4年部会資料23・14頁）。

2 改正法の内容と実務に与える影響

令和4年改正後786条4項では、上記の考えに基づき、認知が無効とされた場合であっても、子は、父であった認知をした者が支出した「子の監

護に要した費用」を償還する義務を負わないことを新たに規定しました。

　なお、同項は、嫡出推定が否認された場合における子の監護に要した費用の償還について定める民法778条の3と趣旨を同じくするものであることから、同項の「子の監護に要した費用」の具体的意義等に関する考え方については、778条の3についての議論がそのまま当てはまります。

　本改正が実務に与える影響は少なくないように思えますが、認知無効の訴えの件数は少なく、年間10件程度である（2021年3月18日日本弁護士連合会「民法（親子法制）等の改正に関する中間試案に対する意見書」）ことから、影響は限定的なものと思われます。

（大澤　隆太郎）

❖ あとがき ❖

　このたび、東京弁護士会法友会の『令和4年・6年の民法改正でこう変わる！　Q&A 家族法制』を出版する運びとなりました。本書の発行に際し、多くのご協力をいただきました関係者の皆さまに、心より御礼申し上げます。

　本書は、2024（令和6）年度の法友会業務改革委員会が企画し、編集責任者会議を構成して執筆者を募りました。その結果、法友会の会員約2700名から、経験豊富なベテラン弁護士・中堅弁護士から精鋭の若手弁護士に至るまで、幅広い層の執筆者が集まりました。

　編集責任者代表は、2024（令和6）年度法友会事務総長であり、家族法制にも精通している中井陽子弁護士が引き受けてくださり、中井弁護士が編集責任者会議を取りまとめてくださいました。

　令和4年及び令和6年の2つの民法改正は、家族法制の分野において、大きな変化をもたらしました。特に令和6年改正で新設された「離婚後共同親権」は、従来の実務に対する大幅な変更を迫るもので、離婚や親子関係に関する法的対応を担う弁護士にとって、極めて重要な課題です。本書は、これらの改正内容をわかりやすく整理し、Q&A形式でポイントを解説することで、実務の最前線で活用いただける内容を目指しました。

　執筆にあたっては、2つの民法改正の背景や趣旨を踏まえつつ、具体的な実務への影響にも配慮した内容を心がけました。本書が、多くの読者にとって、2つの民法改正への理解を深める一助となり、日々の業務においてお役立ていただけることを願っております。

　最後になりますが、本書の出版にあたり多くのお力添えをくださった株式会社ぎょうせい出版事業部の関係者の皆さんに、改めて感謝申し上げます。

　令和6年12月

　　　　　2024（令和6）年度東京弁護士会法友会　業務改革委員会

　　　　　　　　委員長　山　下　　紫

❖ 編集責任者・執筆者一覧 ❖

(令和6年12月現在・50音順)

1 編集責任者

稲村 晃伸（いなむら・てるのぶ）

〒203-0053 東京都東久留米市本町1-5-2 グランディール石坂ビル302
北多摩いちょう法律事務所 042-420-9407

中井 陽子（なかい・ようこ）

〒105-0003 東京都港区西新橋1-18-6 クロスオフィス内幸町602
ルーチェ法律事務所 03-5510-5334

中尾 信之（なかお・のぶゆき）

〒110-0015 東京都台東区東上野3-17-8 大野屋ビル3階C号室
上野中央法律事務所 03-5826-4510

野口 辰太郎（のぐち・しんたろう）

〒112-0013 東京都文京区音羽2-2-2 アベニュー音羽ビル2階
レイ法律事務所 03-6304-1980

土方 恭子（ひじかた・きょうこ）

〒171-0014 東京都豊島区池袋2-36-1 INFINITY IKEBUKURO7階
土方法律事務所 03-6369-9593

横山 宗祐（よこやま・しゅうすけ）

〒100-0005 東京都千代田区丸の内3-3-1 新東京ビル501区
BACeLL法律会計事務所 03-6268-0957

吉直 達法（よしなお・たつのり）

〒160-0023 東京都新宿区西新宿8-15-3 西新宿ローヤルコーポ605
吉直法律事務所 03-5309-2573

2 執筆者

礒﨑 奈保子（いそざき・なおこ）

〒101-0054 東京都千代田区神田錦町1-6 落合ビル3階
吉川総合法律事務所 03-3291-8661

稲村 晃伸（いなむら・てるのぶ）

〒203-0053 東京都東久留米市本町1-5-2 グランディール石坂ビル302
北多摩いちょう法律事務所 042-420-9407

遠藤　啓之（えんどう・ひろゆき）
　〒102-0083　東京都千代田区麹町5-2-1　K-WINGビル3階・4階
　田島・寺西・遠藤法律事務所　03-5215-7355

大澤　隆太郎（おおさわ・りゅうたろう）
　〒103-0027　東京都中央区日本橋3-1-4　画廊ビル6階A
　弁護士法人八丁堀法律事務所　03-6262-7877

岡本　知子（おかもと・ともこ）
　〒160-0022　東京都新宿区新宿5-8-2　ニューライフ新宿2階
　永石一郎法律事務所　03-3356-7766

小熊　弘之（おぐま・ひろゆき）
　〒171-0022　東京都豊島区南池袋3-16-7　MKビル6階
　東池袋法律事務所　03-3983-4848

片桐　龍也（かたぎり・りゅうや）
　〒106-6123　東京都港区六本木6-10-1　六本木ヒルズ森タワー23階
　TMI総合法律事務所　03-6438-5511

久保　俊之（くぼ・としゆき）
　〒105-0003　東京都港区西新橋1-21-8　弁護士ビル607
　久保法律事務所　03-3504-3363

後藤　智子（ごとう・ともこ）
　〒104-0032　東京都中央区八丁堀2-20-1　藤和八丁堀ビル3階
　瀬戸総合法律事務所　03-6256-8864

小西　麻美（こにし・まみ）
　〒106-0045　東京都港区麻布十番1-5-10　アトラスビル5階
　小西法律事務所　03-6869-2670

佐藤　正章（さとう・まさあき）
　〒105-0002　東京都港区愛宕1-3-4　愛宕東洋ビル5階
　芝綜合法律事務所　03-5425-2911

嶋本　雅史（しまもと・まさふみ）
　〒201-0014　東京都狛江市東和泉3-8-3　いづみレジデンスA201
　こまえ希望法律事務所　03-5761-9201

須藤　泰宏（すとう・やすひろ）
　〒170-0013　東京都豊島区東池袋1-25-3　第2はやかわビル3階
　須藤パートナーズ法律事務所　03-6914-2997

髙砂　太郎（たかさご・たろう）
　〒104-0028　東京都中央区八重洲2-10-8　八重洲ビル5階
　木村綜合法律事務所　03-5255-6525

寺澤　春香（てらさわ・はるか）
　〒101-0041　東京都千代田区神田須田町1-23-1　プラティーヌ御茶ノ水504
　金野志保はばたき法律事務所　03-5298-5586

豊﨑　寿昌（とよさき・としあき）
　〒104-0032　東京都中央区八丁堀1-5-2　はごろもビル4階
　東京ブライト法律事務所　03-5566-6371

中川　明子（なかがわ・あきこ）
　〒100-0005　東京都千代田区丸の内2-2-2　丸の内三井ビル
　シティユーワ法律事務所　03-6212-5500

根本　達矢（ねもと・たつや）
　〒171-0022　東京都豊島区南池袋3-16-7　MKビル6階
　東池袋法律事務所　03-3983-4848

久田　一輝（ひさだ・かずき）
　〒106-0032　東京都港区六本木1-9-10　アークヒルズ仙石山森タワー28階
　ベーカー＆マッケンジー法律事務所（外国法共同事業）　03-6271-9900

土方　恭子（ひじかた・きょうこ）
　〒171-0014　東京都豊島区池袋2-36-1　INFINITY IKEBUKURO7階
　土方法律事務所　03-6369-9593

福田　青空（ふくだ・そら）
　〒102-0074　東京都千代田区九段南2-3-26　井関ビル6階
　東京みらい法律事務所　03-6261-7056

吉直　達法（よしなお・たつのり）
　〒160-0023　東京都新宿区西新宿8-15-3　西新宿ローヤルコーポ605
　吉直法律事務所　03-5309-2573

令和4年・6年の民法改正でこう変わる！
Q&A 家族法制

令和7年2月15日　第1刷発行

編　集　東京弁護士会法友会

発　行　株式会社ぎょうせい

〒136-8575　東京都江東区新木場1-18-11
URL：https://gyosei.jp

フリーコール　0120-953-431

ぎょうせい　お問い合わせ　検索　https://gyosei.jp/inquiry/

〈検印省略〉

印刷　ぎょうせいデジタル株式会社　　　　　　　Ⓒ2025　Printed in Japan
※乱丁・落丁本はお取り替えいたします。
ISBN978-4-324-11476-6
(5108981-00-000)
〔略号：QA家族法制〕